JN324879

憲法の創造力

木村草太 Kimura Sota

NHK出版新書
405

はしがき――憲法を創る

トミナガの思い出――「思い込み」は恐ろしい

「思い込み」と聞くと、高校の同級生トミナガのことを思い出してしまう。彼は頼りがいのあるスポーツマンで、クラス対抗球技大会のキャプテンだった。

トミナガは試合前、チームのみんなにこう言った。「普通のチームは足し算。5人だから、1＋1＋1＋1＋1で力は5。5なんだ。だけど、このチームの力は、足し算なんかじゃない。このチームは！」ここで、一息。みんなのテンションが高まる。

彼は、とどめの一発を放った。「そう、掛け算だっ！　だから、チームの力は、1×1×1×1×1……」

「……」

この微妙な沈黙は忘れ難い。確かに、同じ数字の並びなら、足し算より掛け算の方が数が大きくなることが多い。しかし、数字が1ないしそれ未満だった場合はもちろん、ゼロやマイナスが入ると、とんでもない数字が叩き出されることになる。掛け算の醍醐味だ。「掛け算は、足し算よりも数が多くなる」。こうした勝手な思い込みは、悲劇——というより、青春の聖地で多々観察される「若さゆえの微妙な空気」もとい「青臭い思い出」——を生んだのであった。

このトミナガの思い出は、適当に思いついたフィクションである。しかし、思い込みは、論理に隙を生み、時に深刻な事態を引き起こす。我々は、思い込みに対し、敏感でなければならない。

憲法論における「思い込み」

憲法を論じるとき、右派でも、左派でも、人は「思い込み」をしやすくなってしまう。例えば、「憲法9条は絶対的非武装条項だから、改正しないなら即時自衛隊を解散せざるを得ない」とか、「学校の教員には、思想に反する職務命令を拒否する憲法上の自由権がある」と思い込んで議論を展開する人がしばしばいる。専門家である憲法学者の議論にも、「表現の自由は、他の権利に常に優先する」とか「裁判員制度によって生じる不利益は無視できる程度のものだ」といった、ただの思い込みにしか見えない前提を置いているものがある。

9条には多様な解釈の可能性があるし、教員の思想に基づく命令拒否権なんてものを認めたら学校は成り立たない。表現の自由を規制しなければいけない場面もあるし、裁判員制度にも無視し難いデメリットがある。今指摘した思い込みは、当然、疑ってみてしかるべきだろう。もし、思い込みを疑わずに、そこから一本調子の議論を進めれば、トミナガのような悲劇——というより、見ている方が恥ずかしくなるような「微妙な空気」——が生じる。いや、ことが憲法問題であることを考えれば、それは国家存亡の危機ですらあり得る。

憲法のソウゾウ力

危険な「思い込み」の対極にある概念が、「想像力」である。教員に命令拒否権を保障したとき、学校では何が起きるだろうか。東京都の選出議員数を30にして、島根県の選出議員数を1にとどめたら、より優れた国会議員を選べるようになるだろうか。日本政府が現時点で完全な非武装を選択したら、国際秩序はどうなるのか。生活保護の給付額が国民年金よりも低かったら、生活保護受給者は生活を営めるのだろうか。

無意識の前提を検証し、想像力を働かせることで、我々は思い込みから解放され、深い思考ができる。実りのある憲法論のためには、何より想像力が重要である。

さらに、優れた想像力に基づく深い思考は、理想のルールを構築する創造力となる。憲法改正をめぐる議論が活発化しているが、安易な改憲論は無用の混乱を巻き起こすだけだろう。今こそ、立ち止まって真の憲法の創造力を身につけねばならない。

本書が目指すこと

この本は、憲法学の入門書、つまり憲法を学ぶ上で、最も大事にしてもらいたいことを伝える本である。

抽象論を並べていても、思い込みが強化されるだけで、机上の空論になる危険がある。この本では、最新の判例に現れた憲法問題を題材に、これまで当たり前と考えられてきた「通説」や「大原則」にあえて疑問を投げかけてみることにした。

憲法問題を考える際には、様々な角度から思考を巡らせ、苦境に置かれた人々の状況に想像力を働かせなければならない。また、その解決のためには、多くの人の納得が得られるような公平なルールを創造することが求められる。読者の皆様も、ぜひ以下の各章を読みながら、当事者たちがどんな苦しみを持っているのかを想像し、問題解決のためにどんなルールを創造すればよいか考えてみてほしい。

良い憲法を創るということ。それは、新憲法を制定することでも、憲法を改正することでもない。憲法の原理を理解した上で、そこから、想像力を駆使して、より良き国家・社会のルールを創造することなのである。

奥平康弘先生（東京大学名誉教授）の名著『憲法の想像力』（日本評論社・2003年）は、安易な権力批判ではなく、多様な視点から辛抱強く問題の核心に迫ることの重要性を教えてくれた。本書は、筆者なりのその実践である。本書が、柔軟で自由な思考の一助となり、楽しい読書体験をもたらすものになれば幸いである。

憲法の創造力　目次

序章　憲法とは何か？

1 国家と憲法の定義

国家は、規模は大きいが、株式会社やテニスサークル・教会・町内会などと同じ、世界に数ある団体の一つである。

あらゆる団体は、何らかの目的を持っている。株式会社は、株主たちがお金を儲ける目的（営利目的）で作った団体だし、野球部は、野球を楽しむ目的で作られた団体である。そして、国家は、「権力」を作ることを目的にした団体である。

権力にもいろいろな定義があるが、さしあたり、暴力を背景に、有無を言わさず人を従わせる力のことだと考えておけばいいだろう。「暴力を背景に」と書くと、何か邪悪な感じがするが、社会秩序を維持するためには、ルール成立に反対する者を納得させ、ルールに違反する者に制裁を加える力が不可欠である。例えば、交通ルールを決める主体がいなかったり、殺人や強盗が処罰されなかったりすれば、社会秩序は成立しない。そこで、人々は、税金や労働力（徴兵など）を出し合って、権力を備えた団体を作り上げるわけである。

では、団体とは何だろうか。団体の定義については、その昔、「実在説」と「擬制説」の対立があったと言われる。中学二年生のとき、クラスメイトのビルとステラ（両方仮名、いずれも日本国内の公立中学校の生徒である）が「野球部」の実在性について、次のような議論をしていた記憶がある。

ビル「あのさー、なんでジョンが廊下で騒いだからって、俺たちが怒られなきゃいけないわけ？」
ステラ「それは、ジョンもあなたも『野球部』の一員だからよ。ジョンが廊下を走ると、『野球部』が廊下を走っていたことになるってわけ」
ビル「おいおい、ステラ、それは違うだろう。走っていたのはジョンで、『野球部』じゃない」
ステラ「でも、『野球部』って、ネッシーと違って、実際に存在しているんでしょ。それとも、あなたは、『野球部』はネッシーと一緒で、実在しないって言うの？」
ビル「いや、それは違うよ。『野球部』は、実際に存在するし、この前も地区大会で優勝したんだ。ネッシーが地区大会で優勝するなんて、あり得ないだろう」

ステラ「じゃあ、やっぱり廊下で騒いでいたのは、『野球部』だったんじゃない」
ビル「いや、『野球部』が存在するのは、僕らの頭の中だけなんだ。ほら、『ガンダルフ』とか、『シャーロック・ホームズ』と一緒なんだよ」
ステラ「じゃあ、あなたはホームズやガンダルフに電話して、廊下での騒ぎを解決してもらえるって言うの？　できないでしょ。でも、『野球部』に電話するのは簡単よ」

と、このテツガク的会話（哲学っぽいわけの分からない会話のこと）は、いつまでも続くわけだが、読者はすでにおなか一杯だろう。とにかく、ビルの立場が擬制説で、ステラの立場が実在説である。この論争は、次のように整理できるだろう。
団体とは、要するに、共通の「ルール」に従う「人の集まり」である。「ルール」と「人」の二大要素のうち、「ルール」は頭の中にしかないが、「人」は目に見えるし、触ることもできる。団体の「正体」を、「ルール」だと見るのが擬制説、人間という「実在」だと考えるのが実在説だが、団体の「正体」などという怪しげなものを観念する必要はなくて、擬制説と実在説は同じものを右から見るか左から見るかの違いにすぎない、と評価するのが筆者の立場である。

さて、国家も団体の一種であり、それを成立させるルールと、そのルールに従う人々から成り立っている。このうち、国家の領域範囲や王位継承の方法、裁判手続の内容、軍隊の指揮権の所在など、国家を成立させる「ルール」の方を「憲法（constitution, Verfassung）」（専門用語では「実質的意味の憲法」）と呼ぶ。また、「憲法」の主要部分を明文化した文書は、「憲法典」（専門用語では「形式的意味の憲法」）と呼ぶ。他方、ルールに従う人々のことを「国民」と呼ぶ。

2　近代主権国家と立憲主義

近代以前は、宗教戦争時代の欧州や南北朝時代の日本に見られるように、権力を持った団体が複数併存することが普通だった。しかし、同じ領域に権力が複数存在すると、権力者同士の闘争が頻発し、好ましくない。そこで、近代に入り、権力は一つの団体が集中管理するのがよい、という国家構想が提唱された。この構想は広く受け入れられ、各領域の権力が一つに統一されることになる。

こうして、近代以降、国家は、「その領域の権力を独占する団体」と定義されるようになった。国家が独占する権力を「主権」と呼び、近代国家を「主権国家」と呼ぶ。現在存在する日本やアメリカ、ドイツ、フランス、韓国、中国といった国々は、いずれもその領域の主権を担う主権国家である。もちろん、現代でも、内戦やテロ・ゲリラ戦に悩む地域は少なくないが、そうした地域では、主権国家を確立し、秩序を作り出すことが最初の目標になる。権力を集中して管理し、領域内での暴力の衝突を終わらせることは、住民の生活を安定させ、国家としての発展の基礎となるだろう。

しかし、主権国家は、大きな利益をもたらす反面、大変危険な存在である。領域内の権力を独占しているから、国民の生命や身体の自由を奪うこともできるし、財産を強制的に徴収することもできる。その実力を脅しに使って、信じたくもない宗教を信じさせることだってできる。ようやく内戦が終わり、曲がりなりにも主権が確立した地域で、国家の正規軍が農民の食糧を略奪したり、警察や役人が一丸となって少数民族を弾圧したり、といった事態は、残念ながらよくあることである。ホッブズ先生が、主権国家を怪獣(リヴァイアサン)に例えたのも納得であろう。

そこで、主権国家を作る際には、その憲法に主権の濫用を防止するルールを盛り込もう、という構想が提唱された。この構想が立憲主義である。そして、立憲主義の構想を前提に作られた憲法のことを「立憲的意味の憲法」と呼ぶ。

3 統治機構の原理

では、立憲的意味の憲法には、どのような内容が盛り込まれるのだろうか。統治機構の原理と、憲法上の権利について、順に検討しよう。

統治を行う際には、内容的な正しさと感情的な納得の双方を確保しなければならない。統治が内容的に正しく、合理的で効率的であることを「統治の正当性（Rightness, Justifiability）」と言い、統治が国民にとって正統だと感じられ、納得できるものであることを「統治の正統性（Legitimacy）」と呼ぶ。立憲的意味の憲法には、統治の正当性と正統性を確保するため、様々な工夫が盛り込まれているが、特に次の三つの原理が重要である。

まず、国家権力は法に基づき行使されねばならない、とする法の支配・法治主義の原理により、権力行使に法の裏付けが要求され、権力濫用が防止される。また、立法や司法などの権限は別々の機関によって担当されねばならないとする権力分立の原理により、独裁を防止するとともに、国会や裁判所など、それぞれの機関の長所を生かすことができる。法の支配・法治主義や権力分立の原理は、統治の正当性確保のために非常に重要である。

さらに、主権行使の最終決定権は国民に属するとの国民主権の原理は、統治の正統性を支えるのに重大な役割を果たす。自らその決定に加わったこと（自己決定）は、その決定によりもたらされた結果を自らの責任として引き受けること（自己責任）を意味するからである。

これらの原理は、日本の憲法を文書化した「日本国憲法」にも、国民主権（1条）や法の支配（41条）、権力分立（第4章以下）として規定されている。統治機構に関する憲法原理を学ぶ場合には、その原理が、なぜ正当性ないし正統性の確保につながるかに注目するのが有益である。

4 憲法上の権利保障

さらに、立憲的意味の憲法には、個々の国民に対し自由・平等・保護などを求める権利を保障する内容が盛り込まれるのが普通である。

しかし、権利を保障するには、コストがかかる。表現の自由を保障するために、デモ行進を許可すれば、多くの人が交通渋滞で迷惑を受けるかもしれない。最低限度の生活を営む権利を保障するには、社会保障制度の維持のために多額の税金が必要になる。憲法上の権利の主張は、大多数の人々にとって「無駄」か「迷惑」に見えるだろう。では、なぜ、個人の権利を保障する必要があるのか。

まず、社会の多数派から見て「迷惑」とか「無駄」に見えるとしても、憲法上の権利を主張する人にとっては、かけがえのない利益に関する切実な主張である。デモ行進には、その人がぜひとも社会に伝えたいと考えるメッセージが込められている。生存権には、まさに生存がかかっている。個人の利益と国民全体の利益のバランスをとることは、統治の正当性確保にもつながる。

また、個人の権利保障は、統治する側にとっても正統性の確保につながるため、有益である。「少数派の弾圧」は、多数派の支持を受けるために、統治者にとって非常に魅力的な選択肢だから、このことは一見すると分かりにくい話であろう。一部の人にだけ重税を課したり、社会の多数派が違和感を持つ思想や宗教を禁じたりすれば、弾圧された少数派からは反発を受けるが、残りの大勢の支持を得られる。営業の新規参入を制限したり、お金持ちだけが投票できる選挙制度を採用したりすれば、既得権益を持つ事業者や財閥に大歓迎されるだろう。とすれば、統治者にとって、個人の権利保障は邪魔なだけではないか。

しかし、長期的に見ると、個人の権利保障は、統治者にとっても必要である。例えば、キリスト教徒が多数を占める国で、ムスリムや仏教徒が弾圧されれば、キリスト教内での少数派は「次は我々かもしれない」と思うだろう。人間は、みな異なる個性を有するが故に、誰しもが何らかの意味で少数派である。したがって、少数派の弾圧を頻繁に行う国家は、結局、どの国民からも信頼されなくなる。国家に対する不信が増大すれば、主権国家は崩壊してしまうだろう。だから、国家の安定のためには、少数派の弾圧に起因する不信感が生じないようにしなければならない。憲法で個人の権利を保障することは、「たとえ少数派であったとしても、重要な権利を奪われない」という信頼を醸成することにつながる。

だからこそ、大きなコストがかかるとしても、憲法で権利を保障することには重要な意義がある。日本国憲法も、立憲的意味の憲法として、人々に保障すべき権利を多数定めている。

本書の課題

このように、日本国憲法は、立憲主義の構想を前提にした立憲的意味の憲法として、統治機構の原理と憲法上の権利保障を規定し、国家権力を拘束している。逆に言えば、立憲主義を採る日本国憲法の下では、すべての国家活動が、日本国憲法の要請を充たすものでなければならない。

しかし、このように書いただけでは抽象的にすぎて、憲法上の権利の具体的な内容や実現の方法は、よく分からないだろう。憲法が要求する内容が最も明確かつ具体的に主張されるのは訴訟の現場である。そこで、以下の六つの章では、最新の諸判決に現れた問題を考えてみたいと思う。

ぜひ、読者の皆様も、筆者と一緒に頭をひねって、どうやったらこの問題を解決できるか、と考えてみてほしい。それぞれの章で、各議論が、統治の正当性ないし正統性とどのように関わっているか、を考えながら読んでいただくと、理解が深まることと思う。

第一章　君が代不起立問題の視点

——なぜ式典で国歌を斉唱するのか？

1　嫌いな歌が国歌だったら

昔、小学校で、「人間は、もろもろの動物の兄さん、植物の姉さんであり、価値的に優位する存在だ」という趣旨の歌詞を歌わされた。ワニやサメよりも人間が兄さんだというのは、傲慢もいいところだ。私は、この歌詞を心底嫌い、これを書いた人・曲をつけた人はワニやサメに食べられればよい、と考えた。もし、その歌が国歌になって、私がオリンピックで金メダルをとったときに表彰台で流れたらと思うと、ゾッとする（無意味な仮定だ）。

ところで、今の法律は、「君が代」という歌曲を国歌と定めている。このことについて、特に違和感を覚えない人、あるいは大賛成をする人がいる一方で、君が代に対し反発を覚える人や、それを国歌とするのは不適切だと考える人も少なくない。だから、公立学校の入学式や卒業式で、参加者の先生がピアノ伴奏を拒否した、あるいは起立・斉唱しなかった、というケースが相次いでいる。幾つかは訴訟になり、重要な最高裁判所の判決も出されている。

国歌斉唱問題は、個人の権利を考える上で、大切なことを示唆している。つまり、社会問題を、いろいろな角度から見ることの大切さだ。ある角度から見れば、その命令には全く問題はない。しかし、別の角度から見れば、重大な権利侵害である。事件をどの視点から考えるかで、全く描かれる姿が変わってくるのだ。だから、原告も被告も、それぞれ自分に有利な視点を設定しようとする。

まずは、訴訟の中で、原告が何を主張し、最高裁判所はそれにどう応えたのかを検討し、この問題に、どのような視点がありうるのかを見ていきたい。

2 平成19年のピアノ伴奏拒否事件判決

最高裁が、学校式典での国歌斉唱問題について初めて判断を示したのが、平成19年のピアノ伴奏拒否事件判決（最三判平成19年2月27日民集61巻1号291頁）である。事案は、次のようなものだった。

舞台はとある都内の小学校。校長先生は、音楽専科のX先生に、入学式で君が代のピアノ伴奏をするよう職務命令を出したが、X先生は拒否した。東京都教育委員会は、この事実を踏まえ、X先生に対し戒告処分をする。X先生は、この戒告処分は不当だと思い、その取り消しを求めて、訴訟を提起した。第一審・控訴審では、X先生の主張は認められず、敗訴した。そこで、X先生は、最高裁判所の判断を求め上告した。

訴訟の中で、X先生は次のような主張をした。

私は、「入学式で君が代を斉唱すべきでない」との思想を持っている。そして、憲法19条は、「思想及び良心の自由は、これを侵してはならない」と規定し、国民に「思想及び良心の自由」を保障している。そうすると、今回の職務命令は、私の思想・良心の自由を侵害するもので、憲法19条に違反する。だから、職務命令は違憲無効だったのであり、それに違反したことを理由とする戒告処分も違法だ。

第一審判決以降、少なからぬ憲法学者が、この主張を認めるべきだと主張した。しかし、最高裁判所は、次のように述べ、X先生の主張を退けた。

【ピアノ伴奏判決の論証：ピアノ伴奏拒否と原告の思想は不可分には結び付かない】

［ピアノ伴奏拒否は］上記の歴史観ないし世界観に基づく一つの選択ではあろうが、一般的には、これと不可分に結び付くものということはできず、上告人［X先生］に対して本件入学式の国歌斉唱の際にピアノ伴奏を求めることを内容とする本件職務命令が、直ちに上告人の有する上記の歴史観ないし世界観それ自体を否定するものと認

めることはできないというべきである。

※［　］補足は筆者（以下同）

要するに、「入学式で君が代を斉唱すべきでない」という思想を持っていたとしても、内心で反対しながらピアノを弾くことはできるから、そうした思想と伴奏拒否は、「不可分に結び付く」ものとは言えず、命令は内心の自由を制約するものではない、ということである。

3　平成23年の起立・斉唱命令判決

平成23年には、最高裁の三つの小法廷がそれぞれ、一般の教員に「起立・斉唱」を命じた職務命令を合憲とする不起立訴訟判決を出す（最二判平成23年5月30日民集65巻4号1780頁、最一判平成23年6月6日民集65巻4号1855頁、最三判平成23年6月14日民集65巻4号2148頁）。

原告の先生たちは、やはり、思想・良心の自由に対する侵害があると主張した。それぞれの事件で事情は微妙に異なり、判決文の内容も細かい点で違いがある。とはいえ、各法廷の議論は、大筋で共通する。そこで、最初に出された第二小法廷の論証に代表させて、その内容を紹介しよう。まず、判決は次のように述べる。

【不起立訴訟判決の論証1：不起立と原告の思想は不可分には結び付かない】

起立斉唱行為は、その性質の点から見て、上告人の有する歴史観ないし世界観を否定することと不可分に結び付くものとはいえず、上告人に対して上記の起立斉唱行為を求める本件職務命令は、上記の歴史観ないし世界観それ自体を否定するものということはできない。

（中略）本件職務命令は、これらの観点において、個人の思想及び良心の自由を直ちに制約するものと認めることはできないというべきである。

ここまでは、ピアノ伴奏拒否事件判決と共通である。ただし、不起立訴訟判決は、これに続けて次のように言う。

【不起立訴訟判決の論証2：間接的制約の認定】

個人の歴史観ないし世界観に由来する行動（敬意の表明の拒否）と異なる外部的行

為（敬意の表明の要素を含む行為）を求められることとなり、その限りにおいて、その者の思想及び良心の自由についての間接的な制約となる面があることは否定し難い。

このように判決は、職務命令を、思想・良心の自由の「間接的な制約」だと認めている。

では、不起立訴訟判決は職務命令を違憲としたのか、というとそうではない。判決は、どのようなロジックにより、合憲の結論を導いたのだろうか。

まず、この判決は、公立学校の式典で国歌斉唱を行うこと自体は、議論の余地なく、当然に適法なものだと考えている。その上で、先生方が斉唱時に起立・斉唱することは、「慣例上の儀礼的な所作」であり、「式典の円滑な進行」のためには教員に起立・斉唱を命じることも、問題はないとする。

では、命令による思想・良心の自由の「間接的な制約」は、どう評価されるのか。判決は、次のように述べ、合憲の結論を導いた。

【不起立訴訟判決の論証3：公務員が職務命令に従う義務】

公立高等学校の教諭である上告人［原告］は、法令等及び職務上の命令に従わなければならない立場にある（中略）。

本件職務命令については、（中略）上記の制約［思想・良心の自由の間接的な制約］を許容し得る程度の必要性及び合理性が認められるものというべきである。

要するに、公務員には、適法な職務を行うために役立つ命令に従う義務がある以上、たとえ、「間接的な自由の制約」を伴う命令であっても、それが適法な職務を行うために役立つなら合憲だ、というのが最高裁のロジックである。

4 原告の本来的主張と「保守派」の反論

原告の先生は「思想・良心の自由の侵害」を主張し、最高裁は「公務員は職務上の命令に従う義務がある」と反論するというのが、訴訟の基本的な構造である。

これは一見すると、「思想に反する仕事からの自由」、要するに「嫌な仕事の免除」を主張する先生方に、最高裁が「ちゃんと仕事して下さい」とお小言を述べただけのように思えるだろう。問題を、「嫌な仕事の免除」の是非という視点に限定するなら、おそらく最高裁の言っていることは正しい。大麻や賭博を許容すべきだと考える警察官が、それらの取締をさぼってはいけないのと事情は同じだ。

しかし、この訴訟の構造は、もう少し複雑である。原告の先生方が命令を拒否したのは、単に「嫌だから」ではなく、次のような理由があるからだろう。

君が代は20世紀前半のアジア侵略のテーマソングであり、それを国歌とし続けることは、戦争の無反省を意味する。また、学校の式典でそれを歌うことは、児童・生徒、保護者、教員らに対し、アジア侵略を反省する必要はないとの思想や、いわゆる軍国主義思想を無意識に刷り込むものである。さらに、職務命令による斉唱の強要は、教員に対し、そうした思想への共感を求めるものである。要するに、君が代斉唱は、アジア侵略の無反省という思想の刷り込みおよび強要を目的とするものであり、児童・生徒、教員らの思想・良心の自由の侵害である。これが、原告の先生方の本来的な主張であろう。

それでは、こうした主張に対して、どのような対応があり得るだろうか。「保守派」の理念的な反論は、次のようなものだろう。

君が代の歌詞は平安時代の和歌に由来する1000年近い歴史があり、歌曲としても19世紀末から日本の国歌とされてきたものである。20世紀前半の日本の対外行動にも大義はあったのであり、それに携わった祖先も敬うべきである。君が代の斉唱は、20世紀前半に生きた日本人を含め、過去の日本人を敬い、その精神を継承する意義を持つ。日本という国を愛するとは、過去の日本人の精神を愛することをも意味し、君が代の拒否は愛国心の否定である。したがって、学校の式典での君が代斉唱は、児童や生徒に正しい愛国心を教えるための行為であり、極めて重要な学校業務なのだ。そのような業務を拒否することは、公務員として許されない。様々なバリエーションはあろうが、このような考えを持つ国民も少なくないと思われる。

今見た原告の本来的主張と「保守派」の反論は、君が代の斉唱を、過去の日本人に敬意を表明する行為と見る点で共通している。違いは、敬意表明を、反省の拒否という悪質な行為と理解するか、先人の尊重のための重要な行為と理解するかであり、両者の主張は、ある意味、かみ合っている。

5 最高裁の考える君が代斉唱の意義

しかし、最高裁の考え方は、このような「保守派」の反論とは、かなり性質が違う。最高裁は、君が代斉唱の目的を、愛国心の涵養《かんよう》や過去の日本人に対する敬意の表明だとは認定していない。この点についての不起立訴訟の議論を検討してみよう。判決は、思想・良心の自由の「間接的制約」が正当化されるとの文脈で、君が代斉唱の意義について、次のように述べている。

【不起立訴訟判決の論証4：式典の円滑な進行の必要】

学校の卒業式や入学式等という教育上の特に重要な節目となる儀式的行事においては、生徒等への配慮を含め、教育上の行事にふさわしい秩序を確保して式典の円滑な進行を図ることが必要であるといえる。

まず強調しているのは、卒業式や入学式では「式典の円滑な進行」が重要だ、ということである。このこと自体は否定しようがないだろう。もっとも、プログラムに国歌斉唱が含まれていなくても、式典が「円滑に進行」することはあり得る。したがって、「式典の円滑な進行」は、式典のプログラムに従えという命令の理由にはなっても、式典で国歌を斉唱する理由にはならない。

では、判決は、どのようにして式典で君が代を斉唱する必要を導いているのだろうか。

判決は次のように言う。

【不起立訴訟判決の論証5：国家の現状・伝統についての正しい理解】

法令等においても、学校教育法は、高等学校教育の目標として国家の現状と伝統についての正しい理解と国際協調の精神の涵養を掲げ（同法42条1号、36条1号、18条2号）、同法43条及び学校教育法施行規則57条の2の規定に基づき高等学校教育の内容及び方法に関する全国的な大綱的基準として定められた高等学校学習指導要領も、学校の儀式的行事の意義を踏まえて国旗国歌条項を定めているところであり、また、国旗及び国歌に関する法律は、従来の慣習を法文化して、国旗は日章旗（「日の丸」）とし、国歌は「君が代」とする旨を定めている。

判決によれば、卒業式や入学式は学校教育の一環として行われている以上、国歌斉唱は「国家の現状と伝統についての正しい理解」および「国際協調の精神の涵養」という学校教育法が掲げる目的を実現するために行われるものである。

そして、君が代を国歌とする法律と慣習が存在するのが、日本国の「現状と伝統」である。また、判例は言及していないが、一般論としては、国歌を邪険に扱うことは、その国に対する侮辱として受け取られる可能性があるから、国歌に対し、一定の節度ある態度をとる訓練は、「国際協調の精神の涵養」に役立つと言える。

以上から、式典での君が代斉唱は、「国家の現状と伝統についての正しい理解」および「国際協調の精神の涵養」という学校教育の目的の実現のために役立つ適法なものだ。とすると、君が代斉唱を式典のプログラムに盛り込んでも問題はないし、それを含む式典の秩序を維持するための命令も適法と評価される。

以上が最高裁の論証である。

6 最高裁の肩すかし

原告の本来的主張と「保守派」の反論は、ともに、君が代の斉唱を、過去の日本国に対する敬意の表明だと捉える点で共通していた。しかし、最高裁は、そのようには捉えない。君が代の帯びた固有の意味を全く無視して、「現在国歌とされている歌」としてドライに扱うのが、最高裁の立場である。

このような認定を前提にすると、君が代斉唱は、児童・生徒や教員への思想介入の意味を持たない。原告の主張は、ただの被害妄想にすぎなくなり、「教員は法令等及び職務上の命令に従わなければならない」（不起立訴訟判決の論証3）との反論を受けることになろう。他方、最高裁からすれば、「保守派」の立場も、勝手に君が代斉唱に過剰な意味を込めたものにすぎない。

最高裁の論証は、君が代の固有の意味に拘《こだわ》る議論に対する肩すかしなのである。

それでは、原告のような立場にある先生方は、最高裁の論証にどう対応すべきだろうか。最高裁判決を実質的な勝訴判決として受け入れるのも、一つの選択肢である。原告の先生たちは、学校行事の中で、アジア侵略の無反省や軍国主義思想に基づく行為をすべきではない、と主張していた。これに対し、最高裁は、君が代斉唱はそのような性質の行為ではない、と述べている。ここでは「保守派」の理念的な反論は否定されている。そうであれば、今後は、軍国主義に与《くみ》していないかなどと気兼ねすることなく、君が代斉唱に参加すればよい。こうした考え方も、十分成り立つだろう。

7　しかし詭弁のような……

もっとも、最高裁の論証には、何か詭弁《きべん》のような印象が伴う。

式典での国歌斉唱のためには、必ずしも「教員全員」の起立や「音楽教諭のピアノ伴奏」は必須ではない。具体的には、斉唱時に一部の先生が警備や音響操作などにまわっても混乱は生じないだろうし、ピアノでなく、CDやテープでも伴奏できるはずである。

最高裁自身も、そのことを認めているように思われる。不起立を理由にした減給処分を違法とした判決（最一判平成24年1月16日集民239号1頁）で最高裁は、国歌斉唱時の不起立は「式典の秩序や雰囲気を一定程度損な」うが、不起立により生じる具体的な支障や混乱は「客観的な評価の困難」な程度のものにすぎず、それを理由にした減給処分は重すぎる、と述べる。これは、斉唱を「教員全員」で行うことは、さほど重要ではないとする理解を前提にしている。

また、一頃話題となった「大阪府の施設における国旗の掲揚及び教職員による国歌の斉唱に関する条例」も、式典で教員全員が国歌斉唱に起立して参加する必要はないと考えていると理解し得る。同条例4条は、学校行事での国歌斉唱に際し教職員の起立と斉唱を要求するが、同条但書は「身体上の障がい、負傷又は疾病により起立、若しくは斉唱するのに支障があると校長が認める者については、この限りでない」とする。

仮に、国歌斉唱時の起立が重要・必須なものなら、障がいや疾病が理由で国歌を起立して斉唱できない者には、式典当日の休暇を命じたり、場合によっては、分限処分を出したりすべきであろう。それにもかかわらず、例外措置を認めるのは、起立・斉唱を必須のものでないとする宣言であると理解できる。とすれば、ここに言う「障がい、負傷又は疾病」「支障」などの概念はかなり広く解釈すべきであり、君が代に反発する教員に対する校長の柔軟な対応が期待される。

8 教育目的を実現する最善の手段か?

また、そもそも、斉唱を学校の「式典」で実施する必要が本当にあるかも疑問である。最高裁によれば、斉唱の目的は、「国家の現状と伝統についての正しい理解」および「国際協調の精神の涵養」を促すことである。もう少し分かりやすく言えば、「君が代という歌曲の内容と国歌の扱い方を教える」ことが、斉唱の目的である。これは、「式典」で斉唱する以外の方法でも達成できるだろう。歌曲の内容を教えたいのであれば、音楽科の時間に曲を聞かせればよく、国歌の扱い方を教えたいのならば、社会科の時間に、国旗・国歌に一定の態度を示さないと相手国に対する侮辱と受け取られるおそれがある、と講義すればよい。

現状、君が代に反発を持ち、斉唱や起立を拒否しようとする教員ないし国民・住民が少なからずいるのは事実である。全員参加の式典で斉唱させれば、多数の不起立が生じ、児童や生徒が「君が代に反発を感じる者が多数存在する」ことを学習する機会になってしまう。また、職務命令による斉唱強要は、「君が代は、そうまでしないと斉唱を確保できないほど、支持の弱い国歌だ」という印象を与えてしまう。式典での国歌斉唱は、かえって、不起立・斉唱拒否が正しい態度だとする認識を教育する機会になってしまうかもしれない。

そういうわけで、学校式典での君が代斉唱は、「国家の現状と伝統についての正しい理解」および「国際協調の精神の涵養」を促す方法としてはリスクが大きく、他の方法に比べ著しく劣っている。

もし私が文部科学大臣であれば（これまた無意味な仮定である）、学習指導要領に、君が代の内容と国歌の概念を教える特別授業を設け、それを君が代に反発を持っていない教員が担当するよう書き込んだ上で、式典での国歌斉唱は削除するだろう。その授業で、和漢朗詠集や古今和歌集に遡る歌詞の由来、ドイツ人音楽家エッケルト先生の作曲の努力、明治初期から近年までの扱われ方の変遷などを講義すると、より効果的だと思われる。また、式典での斉唱を義務付ける命令や条例を出す自治体には、余計なことをして足を引っ張らないで下さい、とお願いするかもしれない。

……。文部科学大臣としての妄想が行きすぎたので、話を戻したい。

要するに、学校の「式典」で「音楽教諭のピアノ伴奏」により「教員全員」に起立・斉唱させる方法は、目的達成方法としては、失敗する可能性が高く、場合によっては逆効果である。にもかかわらず、文部科学省・教育委員会の委員・校長先生といった人々は、なぜそのような劣った方法をあえて選ぶのだろうか。

最高裁判決に詭弁の印象が伴うのは、この点についての十分な説明が欠けているからである。説明がなされなければ、軍国主義思想の再来ではないかとか、本来の目的は組合つぶしではないか、などなどの疑念が生じるのも自然の流れである。とはいえ、疑念に基づき職務命令の違法を争っても、裁判所の公式見解とはすれ違い続けるだけだろう。とすれば、問題の職務命令は、思想・良心の自由とは別の観点からも検討すべきことになる。

9　安全配慮義務に反しないか？

まず、問題が教員の労働現場で生じていることに着目するなら、安全配慮義務違反の有無の検討が必要になろう。

安全配慮義務とは、雇い主（この文脈では、国や自治体）が、生命・身体・健康などの危険から被用者（この文脈では公務員）を保護すべき義務を言う。例えば、業務コストを減らすために、業務車両の安全点検の回数を必要回数未満に減らしたり、安全に必要な講習の時間を削ったりすれば、この義務に違反する。被用者の安全確保の必要を考えれば、雇用主がこのような義務を負うのは当然だろう。

配慮の内容は、それぞれの被用者の個性によっても変わってくる。校長先生が、学校の先生に「生徒に模範を示すための給食完食」を求めることは一般には違法ではない。しかし、食物アレルギーを持つ先生にそれを命じれば、安全配慮義務違反になる。いくら給食を残さないことが大切だといっても、エビアレルギーの先生に無理にエビフライを食べさせて、アナフィラキシーショックを生じさせてはいけないのである。

公立学校の先生の中には、式典での君が代斉唱に参加させられることで、強い精神的苦痛を感じ、抑うつや不眠症を生じる人もいる。斉唱反対派と斉唱強硬派の板挟みに耐えられず、校長先生が自殺した例まであるのだ（広島地判平成15年12月16日 LEX/DB28091420）。

文部科学省や学校には、そうした生命・健康の危険発生を防止する義務がある。今見たような生命や健康の危険が予測される状況で、国歌斉唱を強要することは安全配慮義務違反になる可能性がある。

10 これはパワハラではないのか?

また、目的達成のために他の方法がある場合に、嫌がる被用者に、特定の方法での業務を命じれば、嫌がらせ目的の命令として違法と評価される可能性もある。

労働関係における嫌がらせは「パワーハラスメント」と呼ばれ、人格権侵害として違法とされる。例えば、相手がムスリムやベジタリアンであることを知った上で、必要もないのに豚の生姜焼きをメニューに盛り込んで給食完食命令を出せば、それは「児童に模範を見せる」目的を装った嫌がらせだと認定されるだろう。国歌斉唱命令や一連の懲戒処分がバランスを失しているように感じられるのも、文部科学省の大臣・官僚、教育委員会、校長先生といった人々が、あえて学習指導要領に式典での国歌斉唱を盛り込み、職務命令を出して、君が代に反発を感じる人々を追い込んでいるからではないか。

そうすると、ピアノ伴奏訴訟や不起立訴訟の事案は、自由権制約の事案ではなく、パワハラやアカハラ(アカデミックハラスメント)の事案の流れに位置づけた方が適切だろう。

このように考えると、「思想・良心の自由」の主張も、再解釈できる。この主張は、思想の「自由」ではなく、思想を理由に「嫌がらせ」を受けていることを主張するものなのではないか。そして、思想を理由にした嫌がらせや職場からの排除は、ハラスメントとして労働法上違法と評価されるのみならず、「すべて国民は、法の下に平等であつて、（中略）差別されない」と規定し、法の下の平等と差別の禁止を要請する憲法14条1項違反の評価を受けるだろう。とすれば、原告は、思想・良心の自由（憲法19条）よりも、思想・信条により差別されない権利（同法14条1項）を主張すべきだったのではないかと思われる。

このような差別禁止の主張には、「いや、仕事でしょう」という批判は当たらない。確かに、公務員は、公務遂行に必要な範囲で、一般市民としての自由が拘束されることに同意しているはずだし、憲法もそれを想定している。例えば、市役所の職員が、勤務時間中に仕事をさぼって、個人的な表現活動をする自由を行使することは認められない。しかし、公務遂行に差別は全く必要ないから、公務員が、人種や信条等によって差別されない権利を放棄していると解することはできないのである。

第一章まとめ

ここまで論じてきたように、最高裁が認定した斉唱の目的は、式典で国歌斉唱を実行する以外の方法でも十分に達成できる。にもかかわらず、命令に反した教員を懲戒するというのは、いかにもバランスが悪い。もっと合理的な方法を考えるべきだろう。

そもそも、校長が式典での所作について命令を出すというのは、いかにも強権的である。冷めた目で見てみれば、「歌を歌え」という職務命令が出る事態は滑稽ですらあろう。例えば、教員に対し「入学式では、ちゃんと『ビューティフル・サンデー』を歌え」という職務命令を出したり、歌わない教員に戒告処分や減給処分を科したりする学校があったら、多くの人は「変な学校だなあ」と思うのではないか。「ビューティフル・サンデー」を歌わなかったこと」を理由とした懲戒免職など、もはやコントの域である。

「君が代」と「ビューティフル・サンデー」を同列に扱うことについて、「けしからん」と感じた方もいるかもしれない。そういう方には、ぜひ、なぜ「けしからん」と感じたのかを冷静に考えてみてほしい。そこには、「君が代」についてかなり強い拘りがあるはずである。しかし、憲法はそうした個人的な「拘り」を他者に強いることを禁止しているのである。

本章の結論は、学校式典での国歌起立・斉唱命令は、先生方の思想・良心の自由の問題ではなく、労働環境としての安全配慮義務やハラスメント、差別の問題として考えるべきだ、というものであった。今後は、そうした命令を出す場合、先生方の思想・信条に十分配慮して、代替業務をお願いすべきだろうし、嫌がる先生に不必要に出された命令はパワハラとして違法無効と評価すべきである。また、そもそも文部科学省は、君が代のためを思うなら、学習指導要領を先に述べたようなより合理的な形に改訂すべきである。

以上に見たように、「自由」の視点と、「労働現場でのハラスメントと差別の禁止」の視点とでは、同じ事案について全く違うイメージが描かれる。このことは、問題の多角的な検討が、豊かな問題の認識を導くことの一例であると思われる。

第二章　一人一票だとどんな良いことがあるのか？

――クイズミリオネアとアシモフのロボット

1 「足による投票」

ある日、トミナガが手紙を送ってきた。珍しいこともあるものだ。中身を見ると次のように書いてあった。

【トミナガの手紙】

お久しぶりです。実は先日、A県B町に引っ越しました。引っ越したのは、大事なことに気がついたからです。それまで住んでいた選挙区は有権者数60万人なわけですが、B町を含むA県2区の有権者数はなんと20万人。一票の価値は、実に3倍です！　私は、有権者としての意思を強く示すため、B町に引っ越したのです。まさに「足による投票」です。

そうそう、そういえば、「一人一票実現国民会議」という団体があるそうですね。なんでも、有権者数の多い選挙区から有権者数の少ない選挙区への引っ越しを支援して、投票価値の不均衡を是正しようとする団体らしいです。団体の発起人やメンバーも、積極的に有権者の少ない地域に引っ越し、「国会や最高裁に頼らず、国民自ら汗をかく」ことで、一人一票を実現する、というのが団体の理念だとか。素晴らしいではないですか。

ではでは、また。

トミナガは、実にユニークで、行動力に富んでいる。

しかし、そもそも「足による投票（vote by foot）」の意味を完全に誤解している。「足による投票」とは、次のような地方自治制度のメリットを表現する言葉である。すなわち、自治が認められれば、地域ごとに多様な政策が選択される。国民は、自分が支持する政策を採る自治体を選んで引っ越すことで、その政策の恩恵を受けることができるようになる。これにより、各地域が切磋琢磨し、より良い政策が実現され、国民の利益が増大するはずだ、という理屈である。

また、「一人一票実現国民会議」も、新手の引っ越し業者ではない。一人一票実現に向けた提言をし、不均衡を容認する判決を書いた最高裁判事を国民審査で罷免することを目標とする団体である。

トミナガの手紙は、もの笑いの種でしかないようだが、妙に示唆に富んでいる気もする。そこで、この章では、いわゆる一票の格差について考えてみたい。

2 一人別枠制に対する従来の見解

有権者数の少ない選挙区では、少ない票数で当落が決まるので、一票あたりの影響力、すなわち一票の価値が高い。例えば、有権者数5人の選挙区では3票で過半数だが、50万人の選挙区では20万票を獲得しても過半数に届かない。国政選挙における投票価値の不均衡を是正することは、重要な政治課題になっている。とりわけ焦点となっているのは、衆議院議員の定数配分における「一人別枠制」である。

衆議院議員選挙では、各選挙区から3～5名の議員が選出される中選挙区制と呼ばれる制度が採用されていた。しかし、平成6年、政治改革の流れの中で選挙制度も大幅に改正され、小選挙区比例代表並立制が導入された。小選挙区制とは、得票数一位の候補者のみが当選する制度であり、小選挙区選出議員の定数は300とされている。他方、比例代表制とは、得票比率に応じて各政党に議席を割り当てる制度である。現行法では、比例区選出議員の定数は180とされており、全国を11のブロックに分け、各ブロックから6～29人が選出される。有権者は、小選挙区・比例区それぞれについて一票ずつ、計二票を投ずることになる。

小選挙区選出議員の300議席のうち、253議席は、全国の都道府県に人口比例で割り振られるが、残りの47議席については、人口と関係なく各都道府県に一つずつ配分される。これが、一人別枠制と呼ばれる制度である。


ところで、前章でも述べたように、憲法14条1項は「すべて国民は、法の下に平等であつて、人種、信条、性別、社会的身分又は門地により、政治的、経済的又は社会的関係において、差別されない」、同44条は「両議院の議員及びその選挙人の資格は、法律でこれを定める。但し、人種、信条、性別、社会的身分、門地、教育、財産又は収入によつて差別してはならない」と規定している。これらの条文から、憲法は、「平等選挙」を要請するものと解されている。そして、判例も憲法学説も、「平等選挙」の要請には「投票価値の均衡」も含まれるとしてきた。

もっとも、完全に投票価値を均衡させようとするなら、全国を一区とする他ないが、複数の選挙区を設置することを憲法が禁止しているとは思われない。このため、投票価値の不均衡は絶対に許されないものではなく、どのような理由により、どこまでの不均衡を許容するか、が議論の焦点となる。

それでは、一人別枠制によって生じる不均衡は、許容範囲内にあるのだろうか。最高裁は、平成17年9月の衆議院議員総選挙の違法性を審査した際（最大判平成19年6月13日民集61巻4号1617頁）、投票価値の均衡を「最も重要かつ基本的な基準」と位置づけつつ、次のように述べた。

【平成19年判決の論証：選挙区割の考慮要素】

選挙区割りを決定するに当たって（中略）国会はそれ［人口比例の定数配分］以外の諸般の要素をも考慮することができるのであって、都道府県は選挙区割りをするに際して無視することができない基礎的な要素の一つであり、人口密度や地理的状況等のほか、人口の都市集中化及びこれに伴う人口流出地域の過疎化の現象等にどのような配慮をし、選挙区割りや議員定数の配分にこれらをどのように反映させるかという点も、国会において考慮することができる要素というべきである。

選挙区割りの決定において、人口比例以外の要素、例えば、人口の少ない都道府県への配慮などを考慮要素とすることは、一般論として許容される。そうした考慮の結果として、意図的に投票価値の不均衡を発生させることは、違憲であるとは言い難い、との判断である。これを前提に、一人別枠制により格差が人工的に作り出されること自体は問題ではなく、その格差が著しく不合理な程度に達している場合に定数配分を違憲とする、という態度を示した。

結論として、判決は、問題の平成17年選挙の1対2・064という格差は、合理的と言い得る範囲であり、「憲法の投票価値の平等の要求に反する程度に至っていたということもできない」とした。

このように、一人別枠制それ自体は合憲であり、その帰結として格差が不合理な程度に達した場合に定数配分を違憲と評価する、というのが、これまでの最高裁判決の立場であった。

3　唐突な最高裁判決

ところが、最高裁は突如として方針を転換する。平成21年8月の衆議院議員総選挙の適法性を判断する中で、最高裁（最大判平成23年3月23日民集65巻2号755頁）は、次のように述べた。

【平成23年判決の論証：相対的に人口の少ない地域への配慮】

（略）［国会］議員は、いずれの地域の選挙区から選出されたかを問わず、全国民を代表して国政に関与することが要請されているのであり、相対的に人口の少ない地域に対する配慮はそのような活動の中で全国的な視野から法律の制定等に当たって考慮されるべき事柄であって、地域性に係る問題のために、殊更にある地域（都道府県）の選挙人と他の地域（都道府県）の選挙人との間に投票価値の不平等を生じさせるだけの合理性があるとはいい難い。

人口の少ない都道府県の住民の意思や価値を国政に十分に反映させるのは、憲法43条「両議院は、全国民を代表する選挙された議員でこれを組織する」の「全国民の代表」という国会議員の性質によって実現すべきことである。したがって、人口の少ない都道府県への配慮などを理由に、意図的に投票価値の不均衡を生じさせることは許されない、というのが判例のロジックである。

その上で同判決は、一人別枠制は、中選挙区制から小選挙区比例代表並立制へと変更された平成6年時点において、「国政における安定性、連続性を図る必要がある」ために移行措置として設けられたものだと位置づける。そして、新しい選挙制度が定着した現在では合理性を失っているとした。

同判決は、不均衡の程度が1・1倍であれ3倍であれ、人口の少ない地域に配慮することを理由に、不均衡を意図的に作り出すことは許されない、という立場を採るものと言える。

平成23年判決が審査対象とした平成21年選挙の不均衡は、最大で1対2・304程度である。過去の判決（最三判平成13年12月18日民集55巻7号1647頁）では、最大格差1対2・471の定数配分も合憲とされており、この不均衡は、従来の基準からすれば違憲と評価されるようなものではなかった。それが、違憲の評価を受けたのであるから、平成23年判決に唐突な印象を持った法律家や国会議員は多かったものと思われる。

では、平成23年判決を、どのように評価すればよいだろうか。

4 投票価値の均衡は絶対の要請か？

選挙において、投票価値の均衡以外の要素を考慮することは、よくある。

例えば、大学の学長は、教員により選挙されるのが一般的である。もし、選挙以外の方法で選ぶと、大学の自治、研究者の独立の理念に反し、「学問の自由は、これを保障する」と規定する憲法23条違反と評価される可能性があると言われている。文系と理系が一緒になった総合大学では、理系の教員の方が多い傾向がある。仮に、法文工の三学部から成る大学があり、教員数が、法学部教員が40人、文学部教員が80人、工学部教員が200人だったとする。この大学で学長選挙をする際、単純に一人一票とするのは公平だろうか。一人一票とすれば、理系の教員の意向が強く反映されすぎだとの不満が出る可能性がある。そこで、学部ごとに予備選挙をして学部全体で一票とする制度など、単純な一人一票原則を修正する制度が検討されることになる。

アメリカ大統領選挙も、単純な人口比例で決せられるわけではない。ブッシュ・ゴア両候補の争った選挙では、共和党のブッシュ候補が当選したが、全米得票数だけに着目するなら、民主党のゴア候補が勝っていた。なぜこのようなことが起こるのかといえば、アメリカ大統領選挙の制度は、各州に割り当てられた選挙人の投票数で勝敗が決まるからである。選挙人の数は、各州に人口比例で割り当てられるが、多くの州には、最多の支持を得た大統領候補に、州の選挙人すべての票を入れる慣行や州法がある。例えば、選挙人10人の州で、100%得票で勝っても、51%得票で勝っても、その州の10人の選挙人はすべて勝者に投票する。つまり、一つの州で圧勝することよりも、各州でバランス良く得票し、たくさんの州で勝つことが重要になる。これは、投票価値の均衡という要素とともに、州単位の意思決定という要素を考慮した制度だと言えよう。

一人別枠制についても、人口の少ない都道府県の住民の意思や価値を国政に十分に反映させるために必要な制度と見る余地はある。人口の少ない都道府県の住民の意思の尊重という価値は、それ自体として不当とまでは言えず、積極的に評価し得るものである。これまでの最高裁も、そのような判断を示したものと言える。

5 一人一票の根拠

では、投票価値の均衡の要請は、そうした価値を排除できるほどに重要なものなのだろうか。一人一票を実現することの意義を検討してみよう。

例えば、平成19年判決に付された泉徳治裁判官の反対意見は次のように述べている。

【平成19年判決の泉反対意見：選挙における平等原則の徹底化】

憲法は、すべて国民は個人として尊重されるとの思想の下に、すべての国民は法の下に平等であって、信条等により政治的関係等において差別されないとして、国民平等の原則を唱えている（13条及び14条1項）。憲法は、この平等原則に基づいて上記のとおり成年者による普通選挙を保障した上、議員の選挙人の資格の平等につき特別の規定（44条ただし書）を置いて、選挙における平等原則の徹底化を図っている。

憲法が採用する上記のような原理からして、憲法は、衆議院議員の選挙につき、国民に対し、一人一票の平等な選挙権を保障するにとどまらず、各投票が選挙の結果に対して持つ影響力、すなわち投票価値においても平等な選挙権を保障していることが明らかである。そして、この選挙権の平等は、個人の人格の根源的な平等性に根ざすものであって、形式的・数学的平等であり、政治的意思形成について国民を絶対的に平等に取り扱うことを要求するものである。

要するに、「憲法に選挙の平等と書いてあるから投票価値の均衡が要請される」と述べているだけである。投票価値の不均衡が具体的にどのような弊害をもたらすのか、実質的に論証するものとは言い難い。

では、「一人一票実現国民会議」の主張はどうだろうか。この会議の発起人には、今紹介した泉徳治元最高裁判事の他、著名な弁護士・元最高裁判事・憲法学者らも名を連ねている。その設立趣意書は、こう語る。

【一人一票実現国民会議設立趣意書】

もし、男は1票、女は0・9票と定めた公職選挙法があったとしたら、100人の女性の内の100人がその公職選挙法を合憲・有効とする合憲派の裁判官に不信任の票を投じ、憲法により罷免されることでしょう。100人の男性のほとんども、同じように、不信任の票を投じるでしょう。正義に反するからです。

日本の公職選挙法は実はもっとひどいのです。全有権者の過半数の、衆議院選挙での選挙権の価値は、ある選挙区の一票に比べて0・6票以下の価値でしかありません。参議院ではさらに不平等は拡大しており、0・3票以下です。つまり過半数の有権者は「一人前以下の国民」と扱われています。大変な不正義です。

(http://www.ippyo.org/shuisho.html)

要するに、不均衡が「正義に反」し「大変な不正義」だから、投票価値の均衡が要請される、というわけである。このような主張は、素朴に聞くと何となく納得できるものではある。しかし、「正義」とは、具体的に何を指すのかを考えてみると、あまりに漠然としている。

投票価値の均衡は、「平等選挙」原理の当然の帰結だとみなされたためか、判例や憲法学説は、それが要求される理由を詳しく論じてこなかったように思われる。議論を深めるには、「そもそも、投票価値の均衡が要求されるのは、なぜなのか」、「投票価値の不均衡が生じると、どのような悪いことが起きるのだろうか」という点について、もっと詳しく検討する必要がある。

6 「全国民の代表」の概念

そこでもう一度、平成23年判決を見直してみよう。平成23年判決は、一人別枠制を違憲と断ずる根拠として、憲法43条によって国会議員は「いずれの地域の選挙区から選出されたかを問わず、全国民を代表して国政に関与することが要請されている」ことを挙げている。

「全国民の代表」とは、代表者が、特定の選出母体（選挙区の住民など）から切り離されて活動すべきことを言い、国会議員の行動が特定の有権者の意思によって拘束されることを禁じている。憲法学の用語では、これを「命令委任の禁止」という。平成23年判決は、これを根拠に、どこの選挙区から選出された議員であれ、議員は全国の利益のために活動するのだから、一人別枠制を廃して人口比例で議員定数を配分しても、人口の少ない地域への配慮が疎かになる心配はないと主張する。

確かに、投票価値の不均衡の問題を、「全国民の代表」の実現という視点から検討しようとするのは、正しいアプローチだと言えるだろう。しかし、すべての国会議員が、全国民の利益を追求して活動しなければならないのだとすると、投票価値の不均衡が生じても、国会において投票価値の低い選挙区の住民の意思や利益が殊更に軽んじられることはない。とすれば、投票価値の均衡を強く要請する必要はないのではないか。一人別枠制の採否についても国会の選択（裁量）に委ねればよいと考えるべきではないだろうか。「全国民の代表」の実現という理念の消極的な側面、つまり、「国会議員は、自分の選挙区の利益を優先させてはいけない」という側面を強調すると、逆に、投票価値の均衡に拘る理由もなくなってしまうのである。

憲法43条によって投票価値の均衡要請を基礎づけようとするなら、「全国民の代表」とはどのような代表なのかを積極的に定義し、それを実現するために投票価値の均衡が必要である理由を実質的に説明する必要がある。平成23年判決は、この点についての説明が著しく弱い。そこで、この点について、もう少し細かく検討してみよう。

以下、二つの映画を手がかりに、「全国民の代表」の概念から投票価値の均衡要請を導く二種類の議論を紹介してみたい。

7 クイズミリオネア

クイズミリオネア映画（どんなジャンルだ）の傑作として、パトリス・ルコント『ぼくの大切なともだち（mon meilleur ami）』が挙げられる。「お前には友達がいない」とけなされた中年の美術商が、親友づくりに奔走するというコメディタッチのヒューマンドラマである。美術商は、やがてクイズマニアのタクシー運転手と友人になるが、あまりに独善的な態度をとったため、絶交されてしまう。クライマックスは、タクシー運転手がクイズミリオネアに出演し、最後の問題にチャレンジするシーンである。タクシー運転手は、最後のライフライン、テレフォンを利用して美術商に電話をするが、友情の行方やいかに……。

と、見ごたえのある映画なのだが、投票価値との関係で大事なのは、映画の素晴らしさではなく、クイズミリオネアという番組である。ご存じない方のために説明すると、このクイズ番組では、解答者が、4択クイズにチャレンジする。1問正解すると、より難しく賞金の高い次の問題にチャレンジでき（途中ドロップアウトしてもよい）、最終問題に正解すると100万ユーロ（日本版だと1000万円）の賞金を獲得できる。また、解答者には、①フィフティー・フィフティー（コンピューターがランダムで4択を2択に絞る）、②テレフォン（友人に電話をして答えを聞く）、③オーディエンス（選択肢を会場の多数決にかける）、の三つのライフラインが与えられており、各一回のみ使用可能である。

このようなライフラインのうち、特に興味深いのはオーディエンス（会場の多数決）である。解答者は、厳しい予選を突破した博識のクイズマニアであるが、知識や知恵には、どうしてもエアポケットがある。例えば、「次のうちビートルズの曲はどれでしょう？

①ヘルプ、②ヘルメス、③ヘルメット、④ヘルシンキ」のような問題を解けないことがある。このとき、会場の多数決にかければ、大多数の人は①ヘルプを選ぶだろう。多数決は、少数の人がエアポケットにはまって誤った選択をしても、残りの人の投票でそれを打ち消すことで正解に到達する仕組みである。

この仕組みが有効に機能するためには、多数決に参加する観客が十分に多く、人口構成に偏りがないことが必要である。例えば、観客がたったの3名であれば、ヘルプのような有名な曲でも、3名全員がたまたま知らなかった、ということはあり得る。また、人口構成が男性に偏っていると、化粧品や少女マンガの問題に正解することは難しくなるだろう。しかし、観客が100人になり、しかも様々な人が加わるようになれば、多数決の結果が正解になる可能性は高い。有権者が増えれば増えるほど、また、人口構成に偏りがなければないほど、多数決は有効に機能する。

8 「正解」の発見

この考察は、平等選挙が要請される理由を考える上でも、非常に示唆的である。

国会議員は、立法や行政統制などの重要な職務を遂行するにあたり、地元の人々だけでなく、全国の人々の納得を得られるよう努力しなければならない。そうすると、全国各地の産業構造や経済状況に精通し、人々が置かれた状況を正確に把握する判断力と想像力を持ち、優れた政策を立案する創造力がある人物を国会議員に選ぶ必要がある。

しかし、「全国民の代表としてのふさわしさ」、「国会議員としての優秀さ」の測定は、身長や体重を測るほど簡単ではない。その測定を、特定少数の人間に委ねるのは、ミリオネアにライフラインなしで臨むのと同じように危険である。そこで、多数決を採用し、多くの人が投票に参加すれば、正解の候補者を選べる可能性は高くなるだろう。これが選挙という制度である。

こうした選挙制度の位置づけからすれば、選挙には、できるだけ多くの人が参加することが好ましく、また、有権者の人口構成が偏らないことも大事である。こうして普通選挙と平等選挙が要請される。女性が排除されたり、一定の収入未満の者が排除されたりすれば、女性ならではの、あるいは、低所得層ならではの知識や知恵を投票結果に反映させることができなくなり、正解から乖離してしまうからである。

投票価値の均衡も、このような観点から説明することができる。投票価値に不均衡があると、不均衡率に応じて参加者の減少と同様の効果を生じさせる。さらに、地域的に偏った不均衡は、投票者の人口構成を偏らせてしまうことにもなる。このため、投票価値の不均衡は、誤った選択がなされる危険を拡大してしまう。

こうしてみると、投票価値の均衡の要請は、「全国民の代表」選択の「正解」発見のために、有効な手段であることが分かる。これが、一つ目の議論である。

9 われはロボット

ロボット映画の典型的作品として、ウィル・スミス主演の『アイ、ロボット(I, robot)』が挙げられる。高度なロボット技術によって繁栄する未来のアメリカ。ロボットの人工知能には「人間に危害を加えてはならない。また、その危険を看過することによって、人間に危害を及ぼしてはならない」を第一原則とするロボット工学三原則が埋め込まれている。人間に全力で奉仕するロボットのおかげで、人類は豊かな生活を享受していた。ところが、あるとき、ロボットを統括する中枢人工知能VIKIが、「人間に政治を任せておくとロクなことにならない。ロボットが、人間による政治を放置することは、溺れている人を助けないとの一緒で、『人に危害を加える』に該当する」と考えるに至り、人間を支配しようとする。ウィル・スミス扮するスプーナー刑事は、それを止めることができるのか……。

と、このような話であるが、大事なのは、この映画の内容それ自体ではなく、この映画と原作との対比である。タイトルを見れば誰でも分かるように、映画の原作は、アイザック・アシモフの『われはロボット（I, robot）』（邦訳多数）である。ロボットが、「政治を人間に委ねるのは、ロボット工学三原則に反する」と考えるところまでは、映画と原作で共通する。両者の違いは、ロボットが人間を支配する方法である。

映画版では、ＶＩＫＩを中心にロボットたちが蜂起して、暴力的に人間を支配しようとする。しかし、そんな支配を好んで受け入れる人間はほとんどいないから、スプーナー刑事ら、人間の反発にあうことになる。

これに対し、アシモフの原作では、なんと、ロボットが人々の感情をコントロールする技術を身に着けてしまうのだ。ロボットは、自ら計算した最適な政治の内容を、感情をコントロールして人間自身の政治決定を通じて実現させる。人類は、自分たちで決めている、という感覚を維持しながら、優秀な人工知能の決定のもたらす利益を享受できる。こうして人類は史上空前の繁栄を実現し、銀河中に広がる大帝国を築き上げる。

ロボットが人間を支配するというのであれば、映画版ＶＩＫＩのように中途半端な仕事ではなく、原作のように周到な準備をしてから実行してほしいものである。この程度のことが分からない人工知能に支配されるよりは、人間が自分で統治をした方がマシである。原作は、優秀な人工知能による支配というものがあるとすれば、それはどのようなものか、を描ききっている。

10 「正統性」の感覚

今見た映画と原作の対比は、政治の場において、人間の感情がいかに大事であるかを示している。例えば、ＶＩＫＩが、「消費税は23・5％が正しい」と言うのであれば、そうしないと国民全体にとって不利益になるはずである。しかし、同じ「消費税率を23・5％に上げる」という決定でも、それが民主的に選ばれた代表により決定されたのか、人工知能や外国軍に強圧的に押しつけられたものなのかで、国民の受け止め方は全く異なるのである。

そして、これは、投票価値の均衡が要請される理由を考える上でも、示唆的である。人間にはプライドがある。どんなに素晴らしく客観的に正しい決定であっても、自らが十分に尊重される手続を経ない限り、人間は従うことはできない。決定に従う者を尊重し、自発的な服従を調達できるような決定を、「正統性」のある決定と言う。

平等選挙の原理は、国会の決定に正統性を付与するための原理である。国民一人一人が、かけがえのない存在として尊重され、平等に決定に関わることが認められれば、多くの国民は、決定結果に不満があっても、それを正統なものと感じることができるだろう。ところが、投票価値の不均衡が生じると、一部の者だけが優遇されているとの感覚が発生し、決定の正統性が失われる。これでは、政治決定への自発的な服従を確保できず、最悪の場合、暴動が起きる。映画版『アイ、ロボット』のＶＩＫＩが、人間に破壊されたのと同様の事態である。

「全国民の代表」とは、優れた内容の政治決定をする能力に加え、高い「正統性」の感覚を調達する能力を持った代表である。国会議員がそのような能力を持つためには、全国民が等しく尊重された投票価値の不均衡のない選挙を実施する必要がある。これが投票価値の均衡の要請を基礎づける、二つ目の議論である。

11 一人別枠制の評価

このように、「全国民の代表」の概念から投票価値の均衡の要請を導く議論には、二種類ある。一つ目の議論が政治決定の「内容」に着目するものであるのに対し、二つ目の議論は、政治決定に従う者の「気持ち」や「プライド」に着目するものである。

これらは相互に排他的ではなく、「全国民の代表」にふさわしい人物の選択において「正解」を選ぶ可能性を高めること、および、政治決定に「正統性」を付与すること、の二つが投票価値の均衡が要請される理由と考えるべきだろう。「一人一票実現国民会議」が言う投票価値の均衡により実現される「正義」も、今見たような意味での「全国民の代表」の実現を意味すると解される。

それでは、一人別枠制はどのように評価されるべきだろうか。実は、ここまでに見た議論からは、一部の国民の投票価値を意図的に重くすることも一定程度許容されることになる。

まず、選挙結果を正解に近づける、という観点であるが、これは『ぼくの大切なともだち』のクライマックスが示唆的である。主人公のタクシー運転手は、大変なクイズマニアであり、最後の問題まですべてのライフラインを残していた。最後の問題は、美術史に関するものである。タクシー運転手は、フィフティー・フィフティーで選択肢を二つ（①マネ、②モネ）に絞った後に、オーディエンスを使用する。しかし、あまりに専門的すぎて、観客の投票は完全に二分されてしまった。こうして、タクシー運転手は、テレフォンを使い美術商に電話をかける……。

つまり、多数決が正解発見手段として有効なのは、有権者集団が、選択に必要な知恵と知識を十分に持ち、正解を選ぶ可能性が高い集団である場合に限られる。解答に専門的知識が必要になればなるほど、多数決の有用性は薄れ、特別な知識と知恵を持った者の判断が優位する。例えば、将棋名人戦の次の一手を予測する場合、国民全員よりも将棋ファンの多数決の方が、そして、将棋ファンの多数決よりも一人のプロ棋士の判断の方が正解を選ぶ可能性は高いだろう。

国政選挙についても同様のことが言える可能性がある。都道府県ごとに人口が大きく異なる現状の下では、人口の集中する地域の政治問題に明るい有権者は多数いるが、人口の少ない地域の政治問題に詳しい有権者の数は限られている。こうした場合、一人別枠制のような形で、人口の少ない有権者の判断に重みをつけることは、「全国民の代表」選択の

「正解」に近づける有益な方法と評価できる可能性がある。

また、政治決定の正統性の調達という点からも、一定程度の投票価値の不均衡を説明することはできる。

衆議院議員選挙の小選挙区選出議員の定数を、完全な人口比例で配分すれば、東京や大阪などの大都市圏の定数が非常に多くなる。そうなったとき、人口の少ない都道府県の住民は、政治決定に十分な正統性の感覚を持つことができるだろうか。投票価値の均衡の美名の下に、地方の切り捨てが進められているという印象が発生すれば、政治決定の正統性は大きく揺らぐことになろう。人間のプライドを維持し、感情を害しない形で政治決定を行うことは、それほど簡単なことではない。人間の感情を直接コントロールするロボットのような超技術を持たない我々は、この点について慎重でなければならない。

もちろん、「全国民の代表」の実現のためには、投票価値を平等にすることが基本である。しかし、都市部への人口集中という状況の下では、一人別枠制のような仕組みも、政治決定の「正解」の発見と「正統性」の調達に資するものであり、「全国民の代表」の実現のために好ましい制度として、正当化される余地がある。重要なのは、投票価値の均衡と、人口の少ない都道府県の住民の意思や意見の反映のバランスをとることであろう。

第二章まとめ

そうすると、平成19年までの最高裁が採ってきた結論は、基本的に妥当なものであったと評価できる。実際、平成23年判決に付された古田佑紀裁判官の意見は次のように述べる。

【平成23年判決の古田裁判官意見：人口比例原則の相対性】

上記判示［平成19年判決などの判示］のような考えは、統治機構としての国会の構成の在り方の観点からして、十分に合理的なものというべきである。国会は国の最も基本的な意思決定機関であり、国が全体として適切な均衡を保ちつつ維持され、発展するためには、国を構成する各地域から見た問題意識や意見が有効、的確に反映されることは極めて重要である。全国を多数の選挙区に細分化する小選挙区制度の下においては、各選挙区の独立性、独自性が希薄であり、より厳格に人口比例原則に従うことが求められることを否定するものではないが、人口比例原則にそのまま従えば、人口密集地帯の議員定数が多数に上る一方、人口減少地域の議員定数はわずかになる可能性があるのであって、そのような場合に、前記の問題意識や意見を有効、的確に反映させることの重要性を考慮して、人口比例に基づく配分比を大きく歪めない範囲で、顕著に少なくなる側の定数を増加させ、両者のバランスを図ることは、政治における妥当性に属する事柄というべきである。

ここでの「国を構成する各地域から見た問題意識や意見が有効、的確に反映されることは極めて重要である」という記述は、国会議員の選択を「正解」に近づけ、人口の少ない都道府県の住民にも、政治決定を「正統」なものと理解してもらうために、一人別枠制が有効であり得ることを指摘するものと言える。古田裁判官は、このような論証に続けて、平成19年判決の議論を維持すべきだと結論する。

こうした議論を否定し、一人別枠制がそれ自体として違憲だと断ずるのであれば、かなり緻密で繊細な論証が必要になる。しかし、平成23年判決の論証は、「平等選挙」や「全国民の代表」といったスローガンから安易に結論を導くものであり、十分な説得力を持たないと言わざるを得ない。

以上のような議論からすると、純粋な人口比例による定数配分が説得力を持つためには、人口の多い地域の住民に対する、人口の少ない地域の住民の信頼が、前提条件になることを示唆している。「東京や大阪に住む有権者には、安易に地方を切り捨てて都市の利益を優先するような議員ではなく、自分の選挙区とは関係のない地方の住民の話も聞きに来てくれるような、日本全体を視野に入れて活動する議員を選ぶ能力がある」という信頼がない状況で、一人別枠制を廃止することは、政治決定の正統性を弱める可能性があろう。

そして、そうした信頼を成立させるには、人口の少ない地域の住民と、大都市の住民がある程度の交流を持っている必要がある。これまで、東京や大阪といった大都市の住民には、農村部から流入した者も多かった。「田舎の両親や、祖父母との会話」や「帰省」によって、都市と地方の住民は不断に対話をしていたと見る余地がある。しかし、今後、「二代・三代続く」都市住民の割合は増加するはずであり、大都市の住民は、人口の少ない地域への想像力を失っていく可能性が高い。そして、それは優れた政治決定を創造する力の喪失を意味する。

あるいは、そうした想像力と創造力の喪失はすでに始まっているのかもしれない。平成23年判決の勢い任せの論証や「一人一票実現国民会議」の活発さには、大都市住民の強い不満が感じられる。もし、大都市の住民が、人口の少ない地域へ信頼を寄せているならば、投票価値の不均衡があったとしても、それに強い不満を持つ必然性がないからである。

このような状況を考えると、トミナガの手紙にあった「足による投票」や「一人一票実現のための引っ越し支援」は、大都市の住民と人口の少ない地域の住民の交流につながり、日本の政治決定を良質なものにするための案外有効な手段なのかもしれない、とも思えるわけである。

第三章　最高裁判所は国民をナメているのか？

——裁判員制度合憲の条件

1「それは、あなたのためだから」

大学の教師という仕事を選んでおきながらこういうことを言うのもナンであるが、私は、「学校」というシステムがどうも苦手である。やりたくないことをやらせながら、「それは、あなたのためだから」と強引に正当化するシステムなのではないか、という疑念を払拭できないからである。

例えば、法律家を目指していた筆者にとって、学校でやった柔道の練習が何の役に立ったのかはさっぱり分からない。自分がケガをしたり、友人にケガをさせたりするリスクを高めていただけのように思われる。これが将棋の授業だったら、がぜん有意義だったのに、と思う日々である。ともあれ、将来の職業に役立とうとそうでなかろうと、「先生の指導に応じて優れた結果を出せるか否かを示す」という成績評価システムとの関係では「あなたのため」と言われてもしょうがないかもしれない。しかし、これがボランティアにまで及ぶと、なかなか居たたまれないものである。

床が汚れていたので、掃除当番でもないのに雑巾がけをした。誰かがポイ捨てしたゴミを拾って、ゴミ箱まで持っていった。こうした行為について、「ありがとう」ではなく、

「掃除する技術を学べて、勉強になっただろう」などと言われたらどうだろうか。

さらに、こうした思想が制度化されると、「ボランティア活動の義務付け」という形容矛盾としか言いようのない政策になる。生徒が「草むしりボランティアをする義務」を履行すると、「ほら、草むしりをしてみて、勉強になったでしょう。将来きっとあなたの役に立つわ」と言う。こういうことを言われると、草むしりをして校庭がきれいになった爽快な気分も台無しというものだ。

というわけで、本章では、裁判員制度について、考えてみたい。

2 裁判員制度

平成16年、「裁判員の参加する刑事裁判に関する法律」（以下、裁判員法）が制定された。5年の準備期間を経て、平成21年5月、裁判員制度の運用が開始された。同年8月に最初の裁判員参加法廷が開かれ、その後、大きなトラブルもなく運用されているそうである。

従来、刑事訴訟の第一審は、裁判官3名からなる法廷が担当するのが原則であった。裁判員制度導入後は、一定の重大犯罪の刑事訴訟は、裁判官3名・裁判員6名からなる法廷によって担当されるのが原則になる（裁判員法2条2項）。

裁判官になるには、最難関国家試験とされる司法試験に合格し（司法試験法）、司法研修所での修習を経て（裁判所法66条以下）、最高裁事務局の作成する裁判官候補者の名簿に載せてもらい、内閣により任命される必要がある（憲法80条）。これに対し、裁判員は、20歳以上の有権者から無作為に抽出される（裁判員法13条）。裁判員候補から除外されるのは、義務教育を修了していない者や禁固以上の刑を受けたことのある者、法律専門家、事件関係者等に限られる（同法14条以下）。

裁判員の参加する法廷では、法令解釈・訴訟手続などの専門的・技術的な事項に関する判断は裁判官のみが担当するが、事実の認定（この行為があったか？）、法令の適用（この行為は、「傷害」にあたるか？）、量刑（何年の懲役に処すべきか？）に関する判断は、裁判官と裁判員の合議を経て、多数決で決する。多数決は、裁判官・裁判員それぞれ一名以上の賛成がない限り成立しない（同法67条）。

妊娠中や親族の介護など、よほどの事情がない限り裁判員を辞退できず（同法16条、裁判員の参加する刑事裁判に関する法律第16条8号に規定するやむを得ない事由を定める政令）、裁判員選任手続のための呼び出しを無視した者には制裁がある（同法112条）。裁判員に選任された者は、法令に従い公平誠実に職務に取り組まねばならず、公判期日に法定に出頭したり、秘密を保持したりする義務を負う（同法9条以下）。費用面ではある程度の補償があり、裁判員になった場合、日当や宿泊費を受け取ることができる（同法11条）。
こうした制度への協力が、有権者の義務とされているわけである。

3 三つの違憲論

ところで、裁判員制度については、導入が検討され始めた段階から、違憲論が唱えられてきた。細かい違いはいろいろあるが、裁判員制度違憲論は、次の三つのどれかに分類できるだろう。

第一の議論は、「裁判所」の定義に着目するものである。憲法は、司法権を「裁判所」に委ねており、ここに言う「裁判所」とは独立性を保障された裁判官により構成される組織を言う（憲法76条、32条、37条等）。したがって、裁判員という異物が混入した組織を「裁判所」とみなすことはできず、裁判員制度は憲法に反する。

第二の議論は、被告人の権利の侵害に着目するものである。憲法37条は、被告人に対し、「迅速な」裁判を受ける権利を保障している。裁判員制度は、裁判員選任手続という従来にはない余計な手続を設けるものであり、この権利を侵害する。

第三の議論は、裁判員の権利の侵害に着目するものである。裁判員に選任されると、労働を提供しなければならず、また、職務時間中は、営業活動も表現活動もできない。これが、意に反する苦役からの自由（憲法18条）や、営業の自由（同法22条1項）、表現の自由（同法21条1項）などを侵害する。

このうち第一の「裁判所」の定義に依拠した議論は、さほど説得的なものではない。憲法は、司法権を担うのは「裁判所」でなければならない、とは述べているが、裁判官以外の者が「裁判所」を構成してはならない、とは述べていない。

また、裁判官には、在任中の報酬減額が禁止されるなど、憲法による身分保障があるが、裁判員にはそれがないため、裁判員を含む法廷は「裁判所」とは言えないという議論もある。しかし、審理が終われば解任される裁判員には、裁判官と同じ意味での継続的な身分保障の必要がない。というより、そもそも、そうした身分保障を観念できない。

もちろん、内閣総理大臣や国会議員が裁判所の一員に加わることは、三権分立の趣旨から許されないだろう。しかし、行政や立法に関わらない一般市民が無作為抽出されて裁判員となることが、「裁判所」の定義からして許されないという議論に説得力はない。

これに対し、第二、第三の違憲論については、真剣な検討が必要である。続いて、こうした違憲論の根拠をもう少し詳しく見てみよう。

4 「迅速な」裁判を受ける権利

第二の違憲論は、被告人の「迅速な」裁判を受ける権利の侵害を主張する。

犯罪の疑いがかけられ、刑事訴訟による審判にかけられた者を「被告人」と呼ぶ。憲法37条1項は、すべての被告人に対し「公平な裁判所の迅速な公開裁判を受ける権利」を保障する。なぜ、刑事裁判は「迅速」でなければならないのだろうか。

その理由は、自分が被告人の立場に置かれることを想像してみれば、すぐに分かるだろう。無罪の推定が及ぶ、といくら言っても、被告人となった期間中は、社会の視線は厳しくなり、責任ある地位に就けない場合も多い。また、開廷日には出頭しなければならないから、長期間の旅行や出張に行くことはできないし、当日の行動にも制約を受ける。このように、身柄が拘束されていない場合でも、被告人たる地位は非常に負担になる。

さらに、場合によっては、被告人は、法廷への出頭を確保するため、裁判が終わるまで身柄を拘束される。殺人などの重大事件について疑いをかけられれば、身柄拘束が1年以上に及ぶことも珍しくない。公権力による身柄拘束は社会生活の完全な中断であり、言葉では言い表せないほどの負担であろう。

裁判が適切な証拠に基づき、正確に実現されるためには、手続の準備に時間がかかるのもやむを得ない。しかし、こうした負担を被告人の立場から見たとき、無罪だとしたら、純粋に無駄な時間の浪費である。また、もし有罪だとしても、できるだけ早く適正な罰を受け、社会に復帰する準備に取り掛かりたいところだろう。だからこそ、憲法は可能な限り、「迅速な」裁判の要請を規定しているのである。

裁判員制度がなければ、訴訟は、裁判員選任手続がない分早く終了する。裁判員制度は、訴訟に余計な手続つまり時間を加えるものであり、憲法37条1項に反する。これが第二の違憲論である。

5 憲法上の自由権

第三の違憲論は、裁判員の憲法上の自由権の侵害を根拠とする。憲法が自由権を保障しているのは、なぜだろうか。

近代国家は、カソリック教会や日本相撲協会のように特定の信仰（カソリック）や価値

（相撲への愛）を共有する者だけで構成される団体ではない。領域内のすべての個人により構成される団体である。とすれば、近代国家は、様々な信仰や価値を持った者によって構成されることを前提に、構築されねばならない。

こうした近代国家の構造からすれば、各個人の自律的な価値判断や自己決定、そしてそれに基づく行動の自由を最大限尊重する必要がある。国家が必要な範囲を超えて、個人の自由を制限すれば、国家権力の正当性・正統性は失われ、国家秩序が維持できなくなるからである。日本国憲法は、こうした考慮から、各国民に自由権を保障している。例えば、20条1項は「信教の自由は、何人に対してもこれを保障する」、21条1項は「集会、結社及び言論、出版その他一切の表現の自由は、これを保障する」とする。また、「何人も、公共の福祉に反しない限り、居住、移転及び職業選択の自由を有する」と規定する22条1項は、営業の自由を保障した規定だとされる。

当然のことながら、裁判員として法廷に居る間は、あらゆる自由が制限される。したがって、裁判員制度は、信教の自由・表現の自由・営業の自由などの諸々の自由権を制約する制度だと言える。

6 「意に反する苦役」からの自由

さらに、裁判員の業務は、一種の労役であるから、「犯罪に因る処罰の場合を除いては、その意に反する苦役に服させられない」と規定する憲法18条との関係も問題となる。

現代日本の社会状況では、注目を集めることはまれになっているが、憲法18条は、極めて重要な自由権条項である。労役の強制は、身体の拘束を伴う。身体の自由は、あらゆる精神的・経済的活動の前提であるから、最も基層的な自由権として、表現の自由や営業の自由よりもさらに手厚い保護が与えられなければならない。

また、労働は、単に生計を維持するための手段ではない。会社で責任ある仕事を遂行しているときであれ、家族のために洗濯物を干しているときであれ、労働に「生きがい」を感じる人は多いだろう。つまり、労働とは、自ら決定した価値や個性の実現という性質を色濃く持つ行為なのである。それゆえ、労働は、自らの選択に基づき、自発的に行われなければならない。労働の強制は、そうした労働の自己実現的性格を貶《おとし》めるものであり、個人が持つ価値と個性を否定する措置である。

さらに、国家業務を遂行する方法としても、労働の強制は好ましくない。

国家は公共の利益を実現するため、公共施設・国道・河川の整備、福祉サービスの提供など、様々な活動をしている。この国家業務を遂行するには、当然、人材や土地・資材が必要であり、広い意味での資源調達が不可欠である。そして、国家の資源調達方法には、①租税を徴収して市場から人材・資材を確保する方法、②財産収用により飛行場用地などを確保する方法、③労役賦課により直接人材を確保する方法、の三種類が考えられる。その中で、憲法30条は、「国民は、法律の定めるところにより、納税の義務を負う」として、①租税徴収を原則としている。これは、財産収用や労役賦課が、不公平であり、また非効率的であるという問題があるからである。

まず、②財産収用は、たまたまその財産を所有する者だけが負担を負うので不公平である。さらに、所有者は、財産に対し「愛着」、「思い出」など金銭評価し難い価値を抱いているから、財産収用よりは、市場で調達する方が一般にはスムーズである。そこで、憲法29条は、財産収用を原則禁止し（1項）、財産の固有性が不可欠な場合にのみ、市場価格を補償するという条件で例外的にこれを認めるにとどまる（3項）。このため、財産収用が可能なのは、国民生活に重要な空港建設や道路整備のために、他の場所で代替できないような場合に限られる。

また、③労役賦課は、特別の能力を持っている者や抽選で選ばれた者など、一部の国民に労役を課すものであり、やはり不公平な方法である。さらに、国家の業務の中には、専門的な知識や訓練経験を要求するものが多く、一般国民から労役を徴収することは、非効率である。例えば、古代国家の治水事業のように国民一般をダム工事に駆り出すより、税を徴収して建設事業者に依頼する方が、はるかに合理的・効率的に事業ができるだろう。

このように、身体の自由、労働の自己実現性、貨幣による租税調達の原則が、意に反する苦役からの自由を保障すべき根拠である。

ところで、この「苦役」の概念については、かつての鉱山労働のような著しい肉体的苦痛を伴う労役を言う、との解釈もある。言葉の語感からすると、そのような理解もあり得そうである。しかし、身体を拘束され、自ら選んでいない労働を課されるという点は、苦痛の大小とは関係がない。また、肉体的苦痛を伴わない業務であっても、一部の者に負担が集中するのは不公平である。憲法18条の趣旨が、自由の前提たる身体の自由の確保、労働における個人の価値と個性の尊重、公平性の実現にあることからすれば、「苦役」を、そのような労役に限定して解釈するのは不適切だろう。

また、そもそも、著しい苦痛を伴う労役の賦課は、憲法36条「公務員による拷問及び残虐な刑罰は、絶対にこれを禁ずる」の「残虐な刑罰」になり、刑罰であっても許されないはずである。憲法18条は、「犯罪に因る処罰の場合」には「苦役」を課してもよいとしており、「苦役」を著しい苦痛を伴う労役と解釈すると、そうした「残虐な刑罰」が許容されてしまう。これは、妥当ではない。

さらに、仮に著しい苦痛を伴う業務に限定して解釈するにしても、「苦痛」を肉体的苦痛に限定する理由は定かではない。死刑や長期にわたる懲役刑の言い渡しは相当な心理的負担を伴うものであり、裁判員としての業務は「苦役」に該当すると解すべきだろう。

7 国民の司法参加が必要な理由

これらの議論が指摘するように、裁判員制度は、迅速な裁判を受ける権利、信教の自由、営業の自由、表現の自由、意に反する苦役からの自由など、国民の権利を広範に制約するものである。

もっとも、多くの憲法学説や最高裁判例は、これらの権利の制約も、一切許されないわけではなく、失われる利益を超える公共の利益が実現されるのであれば、合憲と評価されるとしている。そうすると、裁判員制度はいかなる利益を実現するための制度なのか、ということが問題になる。

そもそも、国民の司法参加は、それほど珍しい制度ではない。アメリカやイギリスなどの英米法諸国では、陪審制度が採用されている。陪審制度には、被疑者を起訴すべきか否かの判断をする大陪審、起訴された事件についての事実認定や量刑の判断をする小陪審がある。いずれの判断においても、職業裁判官を含まない陪審員の評決に委ねられるのが特徴である。また、ドイツ、フランス、イタリアなどの大陸法諸国では、裁判官と抽選で選ばれた一般国民が合同で法廷を作る参審制と呼ばれる制度を採用しており、これは日本の裁判員制度に類似する。国民の司法参加は、先進国の標準的制度であるとも言えるだろう。

では、国民の司法参加により、どのような利益が実現されるのだろうか。

まず、事実認定や量刑に、一般国民の健全な社会常識を反映させることは、非常に有益であろう。実際、職業裁判官の量刑を「軽すぎる」／「重すぎる」と非難する被害者や一般国民のコメントが報じられることは、それほどまれなことではない。

また、被告人の権利擁護の点からしても、国民の司法参加が好ましい場合は多い。法廷に出される書面や議論は専門的で難解になりがちである。被告人がそれを理解し、積極的に防御活動に参加することはなかなか難しい。弁護人がついていれば、法的には十分な防御活動ができるだろうが、被告人当人が納得できるほど、弁護人と十分なコミュニケーションが可能かには、不安がある。また、裁判官と検察官との間に「長年の信頼関係」のようなものができてしまい、それが冤罪の温床になる、などと指摘されることも多い。一般国民が司法に参加すると、裁判官や検察官は、専門家でない者にも理解しやすいように努めるだろうし、また、法廷に「新鮮な」気持ちで事件を見る者がいることは、冤罪をなくすことにも役立つ。

私自身は、個人的に知っている裁判官の方のほとんどが真面目で優秀な人物で、誠実に職務にあたっていると思っている。また、訴訟は公開の法廷で行われており、従来の裁判が国民の目の届かないところにあったわけではない。とはいえ、やはり、一般国民が、ただの傍観者としてではなく、責任と権限を伴い法廷に参加する制度が、今見たような利益を実現するのに有益であることは否定できないように思う。

私は、裁判員制度の導入の報道に触れたとき、こうした利益を実現するための制度であれば被告人や裁判員の権利制約も十分に正当化できるだろうと思い、制度導入に賛成していた。

8　制度提案時の議論

制度導入が提案された理由も、今見た議論とさほど変わらないものだったように思われる。

裁判員制度は、平成11年、内閣に設置された司法制度改革審議会で導入が提案され、それが裁判員法により実現したものである。この審議会がまとめた意見書（平成13年6月12日）では、裁判員制度の目的について、次のように説明されている。

【司法制度改革審議会意見書（平成13年6月21日）Ⅳ　国民的基盤の確立】

（略）一般の国民が、裁判の過程に参加し、裁判内容に国民の健全な社会常識がより反映されるようになることによって、国民の司法に対する理解・支持が深まり、司法はより強固な国民的基盤を得ることができるようになる。このような見地から、差し当たり刑事訴訟手続について、（中略）広く一般の国民が、裁判官とともに責任を分担しつつ協働し、裁判内容の決定に主体的、実質的に関与することができる新たな制度を導入すべきである（略）。

※傍線は筆者（以下同）

（http://www.kantei.go.jp/jp/sihouseido/report/ikensyo/iken-4.html）

また、審議会に参加した井上正仁先生（当時東京大学教授・刑事訴訟法専攻）も、裁判員制度について次のように述べている。

【「シンポジウム　裁判員制度の導入と刑事司法（平成16年9月30日）」井上正仁発言】

このような制度を採用する趣旨については、委員の中には最後まで異なった捉え方をしている人もいましたけれども、大方の意見が一致したのは、《（中略）一般の人々の感覚や常識を裁判に反映させることができるようになれば、より多角的なものの見方に支えられた、より良い裁判ができると期待される上、そのような参加を通じて国民と司法との間に一体感が生まれ、司法を国民の間にしっかりと根差したものにすることができる》という見方であったといえると思います。（ジュリスト１２７９号77頁）

このように、裁判員制度導入の目的は、「国民の健全な社会常識」が十分反映しているとは言い難かった刑事訴訟を改革し、「より良い裁判」を実現することだと説明されていたのであった。こうした指摘は、従来の裁判は、国民の意識から乖離した判断がなされていたり、冤罪や被告人の人格侵害などが発生したりしている、あるいは、少なくともそのような疑念が現に生じている、との認識を前提にしている。そうした「内容」的な問題を改善するために、裁判員制度が必要だとするものである。

刑事裁判は、被告人の権利を十分に尊重した上で、真実に基づいて行われ、被告人も国民も納得できるものでなければならない。こうした「内容」の裁判を実現することは、極めて重要な目的であり、そのために裁判員制度が必要だというのであれば、先に見た被告人・裁判員の権利の制約も十分に正当化できるだろう。

9 足りないのは国民の理解？

ところが、実際に制定された裁判員法は、司法制度改革審議会意見書の精神とは微妙に違うことを言っている。すなわち、裁判員法の1条は、裁判員制度の目的を次のように説明しているのである。

【裁判員の参加する刑事裁判に関する法律第1条】

この法律は、国民の中から選任された裁判員が裁判官と共に刑事訴訟手続に関与することが司法に対する国民の理解の増進とその信頼の向上に資することにかんがみ、裁判員の参加する刑事裁判に関し、裁判所法（昭和22年法律第59号）及び刑事訴訟法（昭和23年法律第131号）の特則その他の必要な事項を定めるものとする。

この条文には、「司法に対する国民の理解の増進とその信頼の向上」が目的だと書いてある。刑事訴訟に足りなかったのは国民の「理解」と「信頼」だったというのであり、「内容」に特段の問題はない、という前提を置いているように読める。

第二章で述べたように、政治決定をする場合には、内容上の「正解」を発見することと、その決定について「正統性の感覚」を調達すること、の二つに留意しなければならない。裁判も、刑罰権力を行使すべきかどうかを決する重要な政治決定の一種であり、「正解」と言える内容と、「正統性の感覚」を調達できる外観を備えなければならない。司法制度改革審議会の議論は、後者の観点からはもちろん、裁判員制度は「正解」たる「内容」の発見のためにも必要だとしていた。ところが、裁判員法1条には、「正解」の発見という視点のために制度が必要だとは述べていない。国民意識との乖離は国民の無理解に基づく誤解にすぎないから、理解すればあらぬ批判は生じないだろうと言っているようである。裁判員制度は、国民に対し刑事訴訟を「理解」する機会を与えるためのものなのである。

これは、裁判員裁判を、国民に刑事訴訟を理解する機会を与える「勉強会」と位置づけるものである。しかし、刑事訴訟を国民に「理解」させるためなら、学校のカリキュラムに刑事訴訟法の講義を組み込んだり、刑事訴訟の知識を分かりやすくまとめた冊子を配ったりすることで足りるのではないか。被告人は、国民に「勉強会」の機会を与えるために、裁判員選任手続という余計な手続にかかる時間を我慢しなければならないのだろうか。また、国民は、望んでもいない「勉強会」に付き合わされるために、裁判所に出頭しなければならないのだろうか。この程度の目的では、憲法37条1項や18条のハードルは越えられないのではないか、と思われる。

10 刑事裁判は近寄りがたい？

裁判員法を制定した立法府の判断は、以上のようなものであった。それでは、裁判所は、こうした裁判員法1条の掲げる目的をどう評価したのだろうか。最高裁判所の裁判員制度に関するホームページでは、裁判員制度導入の目的について次のように説明されている。

【裁判所の裁判員制度PR用ホームページの説明】

これまでの裁判は、検察官や弁護士、裁判官という法律の専門家が中心となって行われてきました。丁寧で慎重な検討がされ、またその結果詳しい判決が書かれることによって高い評価を受けてきたと思っています。

しかし、その反面、専門的な正確さを重視する余り審理や判決が国民にとって理解しにくいものであったり、一部の事件とはいえ、審理に長期間を要する事件があったりして、そのため、刑事裁判は近寄りがたいという印象を与えてきた面もあったと考えられます。また、現在、多くの国では刑事裁判に直接国民が関わる制度が設けられており、国民の司法への理解を深める上で大きな役割を果たしています。

そこで、この度の司法制度改革の中で、国民の司法参加の制度の導入が検討され、裁判官と国民から選ばれた裁判員が、それぞれの知識経験を生かしつつ一緒に判断すること（これを「裁判員と裁判官の協働」と呼んでいます。）により、より国民の理解しやすい裁判を実現することができるとの考えのもとに裁判員制度が提案されたのです。

(http://www.saibanin.courts.go.jp/qa/c1_1.html)

もし、私が担当者だったら、裁判官だけでは適切な事実認定や法適用・量刑ができなくなったために、適切な「内容」の裁判をするためには、一般国民の協力がぜひとも必要なのだと書くだろう。国民には多大な負担をかけるし、被告人にも、裁判員選任のための時間を我慢してもらわなければならないのだ。どんなに謙虚になっても、なりすぎることはない局面である。

しかし、裁判所の説明は、従来の刑事訴訟は「高い評価を受けてきた」とする。そして、その問題は一般国民に「刑事裁判は近寄りがたいという印象を与えてきた」という一点のみだったと言うのである。これは、基本的に、裁判員法1条と同じ説明である。

最高裁判所が、「これまでの裁判の内容には問題があった」と認めることに心理的抵抗があるのは理解できる。しかし、先に述べたように、裁判の内容に問題がないのであれば、刑事訴訟のPR活動に努めることで、十分に国民の信頼は獲得できるはずであり、裁判に一般国民が加わってもらう必要はないだろう。

私は、基本的に裁判員制度導入に賛成の気持ちを持っていたが、裁判員法1条や裁判所のホームページの説明に強い違和感を持ち、裁判員制度は違憲の疑いを払拭できないのではないかと考えるようになった。

11 「裁判所の判断」には二種類ある

もっとも、今見たホームページの説明は、最高裁判所が行政事務の一環として示したものにすぎない。実は、裁判所は、司法権を担当する機関であるのと同時に、それに伴う諸々の行政事務（裁判所の建物の建設や職員人事など）を担当する行政機関でもある。一口に「裁判所の判断」と言っても、それが①行政機関としての判断として示されたものなのか、②司法機関としての判断として示されたものなのか、で性質は大きく異なる。

まず、①行政機関としての判断であるが、行政機関は、立法機関たる国会の憲法判断を尊重しなければならない、という原則がある。国会が法律を制定する以上、国会はその法律を合憲だと考えている。行政機関が「この法律は違憲だから」という理由で法律の執行を拒むことは、国会の憲法判断を無視するものであり、許されないとされている。したがって、裁判所といえども、自らが担当する行政事務については、法律に従って粛々と業務をこなさねばならないのである。こうした憲法上の要請からすれば、最高裁判所が、ホームページで裁判員法1条に沿った制度説明を行い、裁判員制度のPR活動をすることは、当然のことである。

しかし、裁判所が②司法機関としての判断をする場合には、むしろ、国会の判断から独立して憲法判断を示す責務を負う。このため、①行政機関としての裁判所が行った判断を、②司法機関としての裁判所が覆すこともあり得るのである。裁判員制度の合憲性や裁判員法の解釈についても、司法機関としての最高裁判所が、行政機関としての最高裁判所とは全く異なる判断を示す可能性はあった。

12 国民のための勉強会?

そして、制度導入から2年を経過した平成23年、最高裁判所（最大判平成23年11月16日刑集65巻8号1285頁）は、裁判員制度の合憲性について、司法機関としての判断を示すことになる。

それでは、平成23年判決は、裁判員制度の合憲性についてどのように説明しているのか。この判決の前半部分は、先に見た三つの違憲論のうちの第一、つまり「裁判所」の概念に依拠した違憲論に対する反論であり、さして重要ではない。この判決のうち重要なのは、裁判員制度と意に反する苦役からの自由（憲法18条）との関係を論じた次の箇所である。

【平成23年判決の論証1：裁判員制度の目的】

裁判員としての職務に従事し、又は裁判員候補者として裁判所に出頭すること（以下、併せて「裁判員の職務等」という。）により、国民に一定の負担が生ずることは否定できない。しかし、裁判員法1条は、制度導入の趣旨について、国民の中から選任された裁判員が裁判官と共に刑事訴訟手続に関与することが司法に対する国民の理解の増進とその信頼の向上に資することを挙げており、これは、この制度が国民主権の理念に沿って司法の国民的基盤の強化を図るものであることを示していると解される。

この論証は、裁判員制度の目的を、裁判員法1条が掲げる目的の通りだと理解するものであり、裁判員裁判を国民が刑事訴訟を「理解」するための「勉強会」と位置づけるものである。ここまで述べてきたように、裁判員制度を正当化するのであれば、裁判の「内容」の改善という目的を掲げるべきであり、こうした目的理解については強い違和感が残るところであろう。

そして、最高裁は、次のように述べて、合憲の結論を導く。

【平成23年判決の論証2：権利だから苦役ではない】

このように、裁判員の職務等は、司法権の行使に対する国民の参加という点で参政権と同様の権限を国民に付与するものであり、これを「苦役」ということは必ずしも適切ではない。また、裁判員法16条は、国民の負担を過重にしないという観点から、裁判員となることを辞退できる者を類型的に規定し、さらに同条8号及び同号に基づく政令においては、個々人の事情を踏まえて、裁判員の職務等を行うことにより自己又は第三者に身体上、精神上又は経済上の重大な不利益が生ずると認めるに足りる相当な理由がある場合には辞退を認めるなど、辞退に関し柔軟な制度を設けている。加えて、出頭した裁判員又は裁判員候補者に対する旅費、日当等の支給により負担を軽減するための経済的措置が講じられている（11条、29条2項）。

これらの事情を考慮すれば、裁判員の職務等は、憲法18条後段が禁ずる「苦役」に当たらないことは明らかであり、また、裁判員又は裁判員候補者のその他の基本的人権を侵害するところも見当たらないというべきである。

この論証は、あまりにも〝上から目線〟というものではないだろうか。

判決によれば、裁判員制度は、「参政権と同様の権限を国民に付与するもの」なのであり、裁判員になることは、強制的な労役ではなく、「あなた自身のための」権利の実現なのである。このような議論からすれば、裁判員になる義務は、「苦役」ではなく、「その他の基本的人権を侵害するところも見当たらない」ことになろう。なにせ、「あなた自身のための」「勉強会」なのだから。こうした論証は、冒頭に掲げたボランティアを強制する教師の言論と一緒ではないだろうか。

そして、判決は次のように述べて、論証を締めくくる。

【平成23年判決の論証3：交流を望む裁判所】

（略）この制度が陪審制や参審制の利点を生かし、優れた制度として社会に定着するためには、その運営に関与する全ての者による不断の努力が求められるものといえよう。裁判員制度が導入されるまで、我が国の刑事裁判は、裁判官を始めとする法曹のみによって担われ、詳細な事実認定などを特徴とする高度に専門化した運用が行われてきた。司法の役割を実現するために、法に関する専門性が必須であることは既に述べたとおりであるが、法曹のみによって実現される高度の専門性は、時に国民の理解を困難にし、その感覚から乖離したものにもなりかねない側面を持つ。刑事裁判のように、国民の日常生活と密接に関連し、国民の理解と支持が不可欠とされる領域においては、この点に対する配慮は特に重要である。裁判員制度は、司法の国民的基盤の強化を目的とするものであるが、それは、国民の視点や感覚と法曹の専門性とが常に交流することによって、相互の理解を深め、それぞれの長所が生かされるような刑事裁判の実現を目指すものということができる。その目的を十全に達成するには相当の期間を必要とすることはいうまでもないが、その過程もまた、国民に根ざした司法を実現する上で、大きな意義を有するものと思われる。このような長期的な視点に立った努力の積み重ねによって、我が国の実情に最も適した国民の司法参加の制度を実現していくことができるものと考えられる。

ここでは、国民と専門家たる裁判官の双方が「不断の努力」を行い、「常に交流」することで、判決が国民の感覚から乖離しないようにすべきだということが述べられる。しかし、公務員たる裁判官が努力しなければならないのは当然であり、「交流」の場は裁判官の仕事場の法廷である。「交流したければお前が来い」と言いたいところではないか。さらに、判決は、これまでの裁判の内容が信頼できないとは述べておらず、国民が自分たちの仕事を「理解」してくれれば、自ずと「信頼」が強化されると言う。この論証は、どうも国民だけに努力を求めているような空気があり、裁判官自身に対する反省が弱い。弱すぎる。

私は、この判決を読みながら、たまたま運悪く傲慢な裁判官ばかり集まる小法廷に事件が係属してしまったのだろうと思ってしまった。しかし、よくよく考えてみれば、これは、最高裁判所の15名の裁判官全員が参加する大法廷が出した判決である。そして、この法廷意見は、補足意見も反対意見も付されていない言葉通りの「全員一致」の意見だった。

13 裁判員制度はやはり必要?!

裁判員制度を導入すべき理由を説明することは、意外と難しい。

裁判員制度は、刑事訴訟制度の大きな変革であり、非常に多くのコストを要する。「これまでの刑事訴訟が抱える問題点を解消するため」という理由をつけると、従来の裁判に巨大なコストをかけてまで解消しなければならない問題があったことを示してしまう。従来の訴訟を担当してきた裁判官たちは良い気持ちはしないだろうし、これまでの判決の正統性も弱くなってしまう。しかし、あえてそのような説明をしない限り、裁判員選任手続は「迅速」性を害する「余計な手続」だということになってしまうし、裁判員の自由権の制約も正当化できないだろう。そして、法案が練り上げられてゆく過程では、確かに、裁判の「内容」を改善するために、制度が必要であるとの説明がされていた。

ところが、こうした精神が、法律の条文が作られる中で不当に無視され、制度を勉強会の実施だと位置づける裁判員法1条が生まれてしまったようである。そして、最高裁判所は、平成23年判決において、裁判員法1条の居丈高な正当化論に依拠して、制度を合憲と判断したのであった。

これは、あまりにも悲しい事態である。被告人や裁判員の負担の大きさに想像力を働かせることができれば、裁判官も、これまでの裁判の不備を認めるコストを負うべきだったと気づけたのではないだろうか。裁判員制度を「あなた自身のための勉強会」なのだと言われたら、裁判員たちは白けてしまうだろうし、知識や知恵を貸してはくれないだろう。最高裁判所に求められているのは、被告人や裁判員の負担に想像力を働かせて、裁判員法1条を批判した上で、新たな制度目的の理解を創造することだったと思われる。

15名の最高裁の裁判官全員が、平成23年判決の論証を一致して支持する事態は、日本の司法への信頼に疑問符をつけるに十分な事態である。そうした司法機関は、国民によって監視されねばならない。平成23年判決は、非常に逆説的な形で、あるいは皮肉な形で、裁判員制度の必要性を示している。

第三章まとめ

以上が、平成23年判決に対する評価である。こうした議論からは、裁判員制度に対する感情的反発に基づいているとの印象や、あえて平成23年判決の揚げ足を取っているような印象を持たれた方もいるかもしれない。確かに、平成23年判決を、より好意的に読むこともできるだろう。また、裁判員制度は、制度それ自体としては積極的に評価できる面を多く含んでいる。

しかし、私は、裁判員制度をめぐる憲法学者や裁判官の議論や人権感覚には、強い違和感を持たざるを得なかった。憲法18条は、労役賦課が許容される例外を「犯罪に因る処罰の場合」と明示的に限定する。他の自由権条項と比べ、例外の明示は非常に特徴的であり、これはそれ以外の例外を強く禁止する趣旨と解される。このことからすると、裁判員制度と憲法18条との関係は、もっと真剣に考えなければならなかったはずである。にもかかわらず、この点の議論は非常にあっさりと済まされている印象があり、憲法18条違反説を唱える憲法学者もほとんどいない。現憲法下では、労役を賦課する制度がほとんどなく、まことに幸いなことに、憲法18条の出番はほとんどなかった。このことが、同条の重要性への感覚を麻痺させてしまっているのではないかと推測される。

そして、今、社会のあちこちで、「ボランティアの強制」の必要が説かれている。共同で労働をすることには崇高さがあり、多くの人と交流できる喜びがある。それゆえ、「ボランティアの強制」は、あからさまな形容矛盾でありながら、魅力のある施策として受け止められる傾向がある。しかし、ボランティア活動は自発的に行われるからこそ、崇高であり、参加者同士の共感や連帯感が生まれるのだろう。

国民の司法参加も、実は自発的に行われるからこそ価値を持つのではないだろうか。私が被告人だったら、イヤイヤ参加する裁判員、不出頭で制裁を受けるのがイヤだから形だけ参加するフリをする裁判員には、絶対に参加してほしくない。もちろん、諸外国の国民の司法参加にも何らかの強制はあろうが、制度の伝統とそれがもたらす制度への理解が「事実上の自発的な参加」を促している可能性は否定できない。そうした伝統の欠ける日本の場合、出頭拒否に対し厳しく過料を取り立てるような対応は不適切であり、過料規定を空文化するような柔軟な運用が求められるはずである。

裁判員制度に関する議論に欠けているのは、やはり「意に反する苦役からの自由」への配慮である。憲法18条への感覚の麻痺は、自発的であるべきことを強制してはならないことへの鈍感さを示している。善意のつもりで「ボランティアの強制」をしていないか、について、我々はもっと注意深くなければならない。多様な価値観の共存は、憲法の基本原理の一つである。

第四章　日本的多神教と政教分離

——一年は初詣に始まりクリスマスに終わる

1　キリスト教徒の方でも大丈夫です?!

政教分離原則を調べていて、こんな事案に触れた。

ある町内会は、天照大神《あまてらすおおみかみ》を祀《まつ》る神社を所有し、春と秋に町のお祭りを行っていた。ある年、町内会がお祭りのために特別会費を徴収しようとしたところ、A氏はキリスト教徒であることを理由にそれを拒んだ。集金担当のB氏は、「大丈夫です。キリスト教徒の方でも、お祭りに参加できますよ」と、支払いを要求したという。

多くの日本人にとって、このB氏の態度は、いたって自然に感じられるだろう。標準的な日本人は、正月に神社で初詣をし、2月に愛する人にバレンタインチョコを贈り、6月に教会で結婚式を挙げ、8月に仏になった祖先のためにナスに割り箸の足をつけ、12月にイエスの誕生日を祝っても、さして違和感を覚えないのだから。

しかし、キリスト教では、人間を超越する存在は、神―聖霊―イエス・キリストの三位一体のみである。天照大神やゼウスのような多神教の神々を信仰することは、偶像崇拝として厳しく禁止される。したがって、キリスト教徒にとってお祭りへの支出は、神社を崇める態度を示すことになり、自身の信仰の否定に等しい。おそらく、A氏の目には、B

氏の態度はひどく冒瀆《ぼうとく》的な態度として映ったはずである。

A氏とB氏の間で生じたようなすれ違いは、日本社会でしばしば生じている。その背景には、日本人に広く共有された独特の宗教意識があるように思われる。そこで、本章では、この日本人に独特な宗教意識が、どのようなものであるのかを検討しながら、日本社会における国家と宗教との関係について考えてみたい。

2 B氏は仏教徒……なのか？

まず、B氏の発言を分析することから始めよう。

そもそも、B氏には、キリスト教信仰を否定し、改宗を迫るつもりなど全くなかったはずである。この地域には、「仏教徒」が多く、問題の神社を管理する歴代総代も、ほとんどが自身を「仏教徒」だと認識していたという。「仏教徒」である自分も神社のお祭りに参加するのだから、キリスト教徒である貴方がお祭りに参加することに問題があろうはずがない。B氏や他の町内会の人々は、そのように考えたのだろう。

しかし、B氏は、本当に仏教徒だったのだろうか。仏教は、ごく大雑把に言えば、悟りを開いて輪廻《りんね》の円環から解脱し、仏になることを目標とする宗教である。人を超越する存在は仏だけであり、天照大神や素戔嗚尊《すさのおのみこと》などの日本神話の神々が登場する余地はない。したがって、天照大神を祀る神社で祭りを行うB氏の振る舞いは、仏教を真剣に信仰する者の態度とは言い難い。

それでは、B氏は、仏教も日本神話も「信じていない」無神論者なのだろうか。真の無神論者ならば、法事や神社の祭りには意味がなく、時間の無駄にすぎないから、無視するはずである。しかし、B氏は、自らを「仏教徒」と自任するのだから、読経の際に手を合わせるのだろうし、他方で、神社の祭りにも参加している。とすれば、B氏は純粋な無神論者でもない、と考えざるを得ない。

そうすると、B氏の行動は、仏教とは異なる独特の宗教を前提にしたものだと評価すべきである。そして、このようなB氏の信じる宗教は、初詣に始まりクリスマスに終わる一年を過ごす日本人の多数派が信仰する宗教だと言える。

3 日本的多神教

では、日本人の多数派が信仰する宗教とは、どのような宗教なのだろうか。

この点、日本神話では、太陽・河川・海・夜・月など様々な自然物、あるいは、農業・

工業・商業など様々な活動について、それぞれを司る神々が配置される。つまり、あらゆる現象の背景に「神」が想定される多神教神話である。

こうした神話を前提にしたとき、イエス・キリストやブッダなど他の聖的存在の伝来に対し、採りうる態度は二つある。第一は、異教の神として排斥する態度。第二は、神々の一種として多神教体系に取り込む態度である。日本人は、このうち後者の態度を伝統的に採ってきたように思われる。例えば、室町時代頃から日本中に広まった七福神のうち、もともと日本で神として信仰されていたのは恵比寿だけで、毘沙門天《びしゃもんてん》・弁財天・大黒天はヒンドゥー教に、福禄寿・寿老人《じゅろうじん》は道教に由来し、布袋《ほてい》は仏教の高僧が神格化されたものだと言われている。

こうした伝統は、現代日本の想像力にも影響を与えている。中村光先生の人気漫画『聖《セイント》☆おにいさん』では、日本の東京・立川のアパートでバカンスを過ごすイエスとブッダが描かれている。作品中の「天界」は、イエスやブッダの他、イエスの父たる「神」、ミカエルなどの天使、アナンダなどのブッダの高弟、ギリシア神話のゼウスや日本神話の神々などが暮らす場所である。

イエス・キリスト、ブッダ、天照大神などをすべて実在する聖的存在とみなす『聖☆おにいさん』的信仰は、日本人の標準的な信仰体系であるように思われる。こうした万物の背後に神が存在すると考え、かつ、外来の聖的存在（高僧や神）もその一種とみなす独特の多神教を、以下、「日本的多神教」と呼ぶことにしよう。

もっとも、「あなた方は日本的多神教という独特の宗教の信者なのだ」という断定には、「ちょっと待ってほしい」と異議を唱える人も多いかもしれない。「私は初詣には行くが、別に、天照大神や素戔嗚尊の存在を『本気で』信じているわけではない」とか、「僕はクリスマスをお祝いするが、別に、イエスが神の子であったことを『本気で』信じているわけではない」というわけである。

そこで、「宗教を信じる」とはどういうことか、について考えてみたい。

4　宗教とは何か？

「宗教を信じる」とはどういうことか、を考える前に、宗教とは事実認識の特殊な一形態だということを確認しておこう。以下、社会学者の大澤真幸《まさち》先生の考察をふまえて、解説する。

人々が何らかの行動を意識的に行うとき、その決断には、様々な事実認識が前提となっている。例えば、「この目玉焼きは父が作った」という事実認識に基づき、父に礼を言ったり、あるいは、「夜は雨が降るだろう」という事実認識に基づき、傘を持って出かけたりする。また、「この宇宙は神が創造した」とか「この洪水は天罰だ」との事実認識に基づき、祈りやお供え物を捧げたりする。

こうした事実認識は、経験により検証できるか否かにより、二種類に分けることができる。

多くの事実認識は、過去の事実であれ、未来の事実であれ、経験により検証できる。例えば、「この目玉焼きは父が作った」という事実認識が正しいかどうかは、父や母の話を聞いたり、記録映像を見たりすれば検証できる。「夜は雨が降るだろう」という事実認識が正しいかどうかは、夜になって空を見れば検証できる。

これに対し、「この宇宙は神が創造した」とか、「この洪水は天罰だ」といった事実認識は、経験と照らし合わせて真偽を検証することができない。なぜなら、我々は、この宇宙から外へ出られない以上、宇宙の外にいる「神」を見たり、「神の声」を聞いたりすることはできないからである。「天」についても事情は同じで、洪水が「天罰」なのか否かは、水の色を見たり、風の匂いを嗅いだりしても判断できない。
このように、経験により検証できない性質の事実認識を「宗教」と呼ぶのである。

5「信じる」という言葉の意味

事実認識に二種類あるのと対応して、「信じる／信じない」という言葉にも二つの意味がある。

まず、「信じる／信じない」の対象が、検証可能な事実認識である場合、「信じる／信じない」という言葉は、将来の検証結果への予測を意味する。例えば、サッカー日本代表の優勝を「信じる」人とは、決勝戦の日に日本代表が勝つことを予測している人である。

これに対し、「信じる／信じない」の対象が、検証不能な、つまり宗教的な事実認識である場合、将来の検証があり得ない以上、その予測もあり得ない。したがって、「信じる／信じない」という言葉は、それを前提に行動しているかどうか、を意味することになる。例えば、「勤勉は天国への道だ」と「信じる」人とは、お金や社会の評判のためではなく、天国に行くために勤勉に努めようとする人を言う。

このような、宗教を信じる／信じない（宗教を前提に行動する／しない）という選択は、宗教が検証不能な事実である以上、本質的に無根拠な選択である。逆に言えば、宗教を経験によって検証しようとするのは信仰に基づく態度とは言えない。「神が存在する証拠」を熱心に説明する人が、かえって不信心に見えてしまうのはこのためである。

こうした考察によれば、その人が宗教を「信じている」かどうかの判定基準は、当該行為をとった理由について、「その宗教の教義が要請するから」ということ以外の理由を説明できるかどうか、によって判定される。

例えば、豚肉を食べることを避けた人がいたとする。「体調が悪くて、お肉は食べたくないから」とか、「同席するムスリムに礼儀を尽くすため」といった理由があるなら、その人は、特段何かの宗教を信じているわけではない。他方、「イスラーム教が禁じているから」ということ以外の理由を説明できないなら、その人は、イスラーム教を「信じている」と言える。

6 「信じていない」けど「信じている」――ボーアの蹄鉄

こうした宗教の特性が絶妙に表現された逸話を紹介しよう。

ニールス・ボーアは、20世紀の代表的な物理学者である。彼の家のドアには「魔除け」の蹄鉄が打ちつけられていた。友人が「あなたは、蹄鉄が幸福をもたらすと信じているのか?」と聞いたところ、ボーアは、「そんなことを信じてはいない。ただ、信じていない人にも幸福がやってくるというから、蹄鉄をつけているんだ」と返答したという。この話が本当にあったことかどうかはともかく、これが「ボーアの蹄鉄」と呼ばれる逸話である。

ここでのボーアの返答は、一見すると支離滅裂な笑い話のようではあるが、実は、極めて筋の通った返答である。

まず、物理学者たるボーアの性格からして、蹄鉄が幸福をもたらすことを経験的に証明できると予測していたとは考えにくい。「そんなことを信じてはいない」とは、それが経験的に立証できるとは思っていない、という意味だろう。

他方、ドアに蹄鉄を打ちつけることについて、宗教的認識の他に合理的理由を見出すことは困難だろう。「幸福がやってくるというから、蹄鉄をつけているんだ」との説明は、蹄鉄が魔除けになるということを、宗教的に「信じる」からだ、という意味のものと言える。

このように、ある人が宗教を「信じていない」と言ったからといって、その宗教を行動の前提としていない（第二の意味で「信じていない」）とは限らない。「私は初詣には行くが、別に、天照大神や素戔嗚尊の存在を『本気で』信じているわけではない」とか、「僕はクリスマスをお祝いするが、別に、イエスが神の子であったことを『本気で』信じているわけではない」といった主張は、日本的多神教の検証可能性を否定するのみで、行動の前提とするか否かのレベルでは、日本的多神教を「信じる」態度であることに注意が必要である。

7　日本国憲法と信教の自由

では、日本国憲法は、国家と宗教との関係をどのように定めているのだろうか。まず、憲法規定を確認してみよう。

憲法20条1項前段は「信教の自由は、何人に対してもこれを保障する」、同条2項は「何人も、宗教上の行為、祝典、儀式又は行事に参加することを強制されない」と規定しており、各個人に、宗教を選択し、宗教活動をする又はしない自由を認めている。

国家は、多様な価値や宗教を持つ人が、公共の利益を実現するために共同で形成する団体である。そうすると、国家活動は、公共の利益の観点から正当化されるべきだろう。そして、宗教を信じるか否かの決定が本質的に無根拠であることからすれば、国家が特定の宗教を信仰すべきことを国民に押しつけるのは、好ましくないし、そもそも不可能である。それゆえ、宗教の選択は個人に委ねられる必要がある。さらに、「好きな宗教を信じる」ためには、ただ、心の中で信じるのみではなく、礼拝等の宗教的行為をする自由や、宗教団体を結成する自由が保障されねばならない。

8 日本国憲法と政教分離

また、同条1項後段は「いかなる宗教団体も、国から特権を受け、又は政治上の権力を行使してはならない」と定め、同条3項では「国及びその機関は、宗教教育その他いかなる宗教的活動もしてはならない」と規定している。さらに、89条は、「公金その他の公の財産は、宗教上の組織若しくは団体の使用、便益若しくは維持のため、(中略)これを支出し、又はその利用に供してはならない」として、宗教組織・団体に公金を支出することを禁止している。これらの国家と宗教の分離を要求する規定は、総じて「政教分離規定」と呼ばれる。

では、なぜ政教分離が必要なのだろうか。その根拠を論じた最高裁判決に、津地鎮祭判決（最大判昭和52年7月13日民集31巻4号533頁）がある。この判決では、津市が体育館工事のための地鎮祭を主催したこととの合憲性が問題となった。この判決は、政教分離原則の根拠について、次のように説明している。

【津地鎮祭事件の論証：政教分離原則の根拠】

わが国では、過去において、大日本帝国憲法（以下「旧憲法」という。）に信教の自由を保障する規定（二八条）を設けていたものの、その保障は「安寧秩序ヲ妨ケス及臣民タルノ義務ニ背カサル限ニ於テ」という同条自体の制限を伴っていたばかりでなく、国家神道に対し事実上国教的な地位が与えられ、ときとして、それに対する信仰が要請され、あるいは一部の宗教団体に対しきびしい迫害が加えられた等のこともあつて、旧憲法のもとにおける信教の自由の保障は不完全なものであることを免れなかつた。（中略）〔日本国〕憲法は、明治維新以降国家と神道とが密接に結びつき前記のような種々の弊害を生じたことにかんがみ、新たに信教の自由を無条件に保障することとし、更にその保障を一層確実なものとするため、政教分離規定を設けるに至ったのである。

戦前の国家神道の利用が大規模な宗教的迫害に帰結したことを反省し、「信教の自由」「の保障を一層確実なものとするため」に、政教分離原則を保障したという理解である。

国家が何らかの目的を達成しようとする際、宗教は有用な手段になる。例えば、神の権威により権力を正統化すれば、反乱は生じにくくなるだろう。また、殉職した兵士を神として祀る宗教を布教すれば、徴兵も円滑に進められるだろう。つまり、国家には宗教を利用するインセンティブがある。

しかし、国家が特定の宗教を奨励し、利用すれば、他宗教の信者への圧迫となる。例えば、自分の納めた税金が特定の神社のお祭りのために支出されたり、住民の代表である市長が特定の神社に職務の一環として公式に参拝したりすれば、その神社に対する信仰を持たない者や他宗教の信者はどのように感じるだろうか。おそらく、その神社の宗教儀式に無理やり参加させられたり、国家によって自らの信仰を否定されたりしたように感じるだろう。

また、宗教は、その性質上、検証・反論を許さないので、宗教を利用した政策決定は理性による合理的な決定を害することになる。したがって、信教の自由を守り、健全な民主的決定を成立させるためには、国家による宗教の利用には歯止めをかけなければならない。

9 国家は宗教を一切利用してはならないのか?

しかし、国や地方公共団体が、宗教と距離を置くことが難しい事例も多々ある。例えば、市や町が、観光振興のために地元の有名な神社のお祭りを支援するのは、一切許されないのだろうか。あるいは、殉職した公務員の遺族が、ある宗教に則った追悼の方法を求めた場合、公共団体はどのように対応すればよいだろうか。

この問題について、国家の宗教利用は、宗教的迫害になるので一切許容すべきではないとする立場もあり得るだろう。しかし、最高裁は、ここまで厳しい態度はとってこなかった。

津地鎮祭判決は、政教分離原則により禁止される「宗教的活動」を、「相当とされる限度を超える」宗教とのかかわり合い、と定義する。その上で、「かかわり合いの相当性」は、「目的が宗教的意義をも」つかどうか、および、「その効果が宗教に対する援助、助長、促進又は圧迫、干渉等になる」か否か、という基準により審査すべきだとした（傍点筆者）。この基準は、目的・効果の両面からかかわり合いの相当性を判断するので、「目的効果基準」と呼ばれる。同判決以降、最高裁は、政教分離原則に関する判断について基本的にこの基準に依っている。

10 結局は目的だけ？

では、この基準は、どのように運用されてきたのだろうか。

この基準を打ち立てた津地鎮祭事件判決は、津市の挙行した地鎮祭が宗教行事であることは認めたが、地鎮祭なしに工事関係者の協力を得ることは難しく、地鎮祭は「体育館建設の円滑化」という公共目的のためのものであり、そのような目的が明らかである以上、一般人に特別な宗教的関心は呼び起こさない、とした。

また、続く自衛官合祀事件判決（最大判昭和63年6月1日民集42巻5号277頁）では、自衛官の靖国神社への合祀に自衛隊が協力する行為が問題になった。最高裁は、殉職自衛官が合祀されれば、靖国信仰を持つ国民の自衛官に対する評価が高くなり、靖国信仰を持つ自衛官の士気も向上するとの前提に立ちつつ、合祀への協力は、「自衛隊員の社会的地位の向上と士気の高揚を図る」という公共目的のものであり、それゆえに特定の宗教への関心を呼び起こす効果も持たない、として、合憲の結論を採った。

これらの判決では、目的の審査については、どのような公益があるのかが一応示されている。しかし、効果面の審査は、「行為の目的が公共的であるため、一般人には宗教の援助や弾圧だという印象を与えない」という趣旨の論証で済まされている。これでは、効果面の審査は、目的の審査から独立した意味が全くない。

そうすると、最高裁の立てた目的効果基準とは、結局、「目的が公共的であれば、いくらでも宗教を利用してよい」という基準になってしまっていることが分かる。しかし、日本的多神教の性質を踏まえると、こうした基準には深刻な問題があることを指摘せざるを得ない。

11　日本的多神教は利用しやすい

まず、日本で政教分離を考える場合には、日本的多神教は、国家の統治手段として非常に利用しやすい宗教だという点に注意が必要である。

ユダヤ教やキリスト教などの一神教では、神は唯一絶対の権威である。このため、国家が一神教を利用するには、宗教体系に矛盾しないように自身を神の支配構造に全面的に組み込まねばならない。例えば、東ローマ帝国は国家の代表を宗教団体の代表と兼任させたし（皇帝が教会の代表でもあった）、中世西欧諸国は国家を宗教団体にかなりの程度、従属させた（各君主は、ローマ教皇に権威を認め、破門されないように振る舞った）。つまり、国家の側が宗教に大きく譲歩せねばならない。

これに対し、日本的多神教の下では個々の神々の権威は唯一ではない。このため、国家は、一定の時期（祭りの時期など）だけ、あるいは一定の事項（建設工事についての安心など）だけについて、「数ある神の一柱《ひとはしら》」を利用することができる。つまり、場当たり的で安易な宗教利用が生じやすいのである。戦中の日本政府が利用した「国家神道」も、戦争で死んだ兵士の追悼などを管轄するのみであり、人間の生活全般を包括的に支配するようなものではなかった。

また、神の数に限定がないため、国家に都合の良い神格がなければ、それを創りだすこともできる。例えば、男女雇用機会均等を司る女神（男女の平等の神な割に女神であるのは奇妙だが）や違法ダウンロードに罰を与える蛇神（どちらかというと妖怪だが）への信仰を広めることは、一神教の社会に比べ比較的容易だろう。

12「悪意」のない冒瀆

さらに、日本的多神教は、他の宗教との緊張関係を意識しにくいという点にも注意が必要である。

ユダヤ・キリスト・イスラームの三大一神教においては、神の数は一つであり、ゼウスや天照大神は排すべき偶像にすぎない。また、多神教であるヒンドゥー教でも、シヴァ、ヴィシュヌ、インドラなど複数の神が想定されるとはいえ、あらゆるものの背後に無限の神がいると考えられるわけではない。

こうした神の数を限定する宗教は、自己の信じる神と他者の信じる神との違いを自覚しやすい。例えば、熱心なキリスト教徒であれば、クリスマスのミサへの参加をムスリムに求めることが、改宗を迫るに等しいことだと認識できるはずであり、あえてそれをやるのであれば、かなりの覚悟を持って行うはずである。

これに対し、日本的多神教は神の数を限定せず、他宗教の神を数ある神の一柱とみなす。そして、自分たちは、「キリスト」や「アッラー」をも神と崇め、他の宗教を尊重していると認識する。

しかし、日本的多神教に取り込まれた「キリスト」や「アッラー」は、もはや、元来の意味での仏やキリストではない。モーリス・ルブランによる『ルパン』シリーズの一つ、『ルパン対ホームズ（Arsène Lupin contre Herlock Sholmès）』に登場する「ホームズ」（邦訳ではホームズと訳すのが慣例だが、ルブランの原作ではショルメというアナグラムの名前）が、コナン・ドイル作品のホームズのような絶対的な力を持っていないのと同様である。

結局、日本的多神教は、「キリスト」や「アッラー」を真の意味で尊重しているとは言えない。にもかかわらず、その信者は、そのことを極めて自覚しにくい。日本的多神教の信者は、自分たちが「キリスト」や「アッラー」を尊重している以上、キリスト教徒やムスリムも、神社のお祭りなどに参加しないのは我儘で偏狭な態度だ、と感じてしまうのである。冒頭に見たB氏のような「悪意のない」冒瀆は、そうした態度の典型例である。

このように、国家権力の側から見たとき、日本的多神教は非常に利用しやすい宗教である。その上、日本的多神教は、他の宗教との緊張関係を意識しにくいため、国家がそれを利用することへの抵抗感も少ない。

このような日本的多神教が支配的である社会では、政府の安易な宗教利用によって、無自覚な宗教弾圧を引き起こす危険が非常に大きいと言える。こうした状況で、「目的が公共的であれば、いくらでも宗教を利用してよい」という基準を採るのは適切でない。

実際、自衛官合祀事件で最高裁が合憲とした「公務員の士気向上を目的に、殉職した公務員を神と祀る」ことは、津地鎮祭判決が否定した戦前の国家神道と大差ない。そうした行為まで合憲になってしまうのであれば、政教分離規定を置いた意義は著しく希薄になってしまうだろう。

13 厳格な判断基準の必要性

では、どのような基準を採ればよいのだろうか。

ここで津地鎮祭事件については自衛官合祀事件と異なり、合憲の結論をやむを得ないとする論者も少なくないことに着目してみよう。そうした論者の背景に共通するのは、地鎮祭なしで工事を引き受けてくれる業者はほとんどなかったのではないか、という指摘である。もし、そうした指摘が正しいとすれば、津市には地鎮祭をやらず体育館建設をあきらめるか、地鎮祭を実施し体育館を建設するか、いずれかの選択肢しかなかったのである。

ある公共目的を達成するために他の手段がない状況で、やむを得ずになされる国家の宗教行為を禁じるのは、あまりにも酷である。そのような状況でなされる宗教行為は、公益目的実現のために半ば強制されるものであり、国家が特定の宗教を援助するためのものではないと理解すべきである。そうすると、判例の判断基準も、①宗教を利用する（宗教とかかわり合う）目的が公益的であり、かつ、②その目的を達成するために他に手段がない場合に、その宗教利用は正当化される、というものに改められるべきだろう。

そして、このような基準の改定は、従来の判例の基準の効果面の審査を厳格に行えば足りるはずである。すなわち、効果面の審査において、その宗教的行為以外に目的達成方法がなく、やむを得ない行為であるとの印象を一般人に与えるかどうか、を検討すれば、今述べた趣旨は十分に実現されるはずである。

第四章まとめ

日本的多神教は、あらゆるモノや活動の背景に神を見る。このため、モノを大事にし、日々の仕事に精魂込めて臨むという態度につながりうる。また、外来の宗教に対し強い拒否反応を持たない者が多い。こうした点は日本人の美徳とも評価しうる。

もっとも、日本的多神教には、国家に利用されやすく、他の宗教への想像力を麻痺させてしまう傾向がある。したがって、政教分離原則との関係では、日本的多神教の信者は、他者が自分と「違う宗教を信じている」ことに敏感になり、無意識のうちに深刻な冒瀆や宗教弾圧をしないよう注意しなければならない。

我々に必要なのは、そうしたそれぞれの選択を尊重し合い、またそうできるような環境を整えるために努力することだろう。他者の宗教心への想像力と、多様な宗教が共存するための社会の枠組みに向けた創造力が求められている。

その具体化の一例として裁判の場では、目的効果基準の効果面の審査において、他の手段の有無を慎重に検討しなければならない。

津地鎮祭事件判決や自衛官合祀事件判決でも、地鎮祭や合祀協力以外に、そこで掲げられた目的を達成する手段がなかったかどうかは、真剣に検討すべきであった。このような検討があれば、地鎮祭については、それをやめれば工事の依頼が極めて困難であったことが鮮明になり、多くの人の納得を得られたかもしれない。他方、自衛官合祀事件については、公務員の士気を向上させる方法は、宗教を利用する以外にも様々あり、自衛隊が合祀に協力する必要性は低い。したがって、そのような検討があれば、自衛官合祀事件判決では合祀協力が違憲と評価されただろう。

第四章補論　空知太神社事件と白山ひめ神社事件

ところで、近時、最高裁には従来の目的効果基準とは異なる基準を採るものが登場している。以下、やや専門的になるが、重要な判例なので、この点を簡単に解説したい。

1 空知太神社事件判決

一つ目は、平成22年の空知太《そらちぶと》神社事件判決（最大判平成22年1月20日民集64巻1号1頁）である。事案は次のようなものだった。

砂川市民Aは、土地①を地元町内会の神社（空知太神社）の用地として提供していた。その後、Aは、小学校用地拡張のため、砂川市に対し土地②を無償で提供した。このとき、Aは、神社用地たる土地①の固定資産税負担を免れたいと考え、砂川市に土地①をも無償提供することを提案した。砂川市は、この提案を受け入れ、土地①を受贈するとともにに、市有地となった土地①を町内会に対し無償で貸与することにした。訴訟では、この市有地①を神社のために無償貸与することの合憲性が問題となった。

空知太神社判決は、従来採用されてきた目的効果基準を採らなかった。その代わりに、「宗教とのかかわり合いの相当性」は、次のような基準で審査すると述べる。

【砂川政教分離訴訟の基準：総合考慮基準の採用】

国公有地が無償で宗教的施設の敷地としての用に供されている状態が、（中略）信教の自由の保障の確保という制度の根本目的との関係で相当とされる限度を超えて憲法89条に違反するか否かを判断するに当たっては、当該宗教的施設の性格、当該土地が無償で当該施設の敷地としての用に供されるに至った経緯、当該無償提供の態様、これらに対する一般人の評価等、諸般の事情を考慮し、社会通念に照らして総合的に判断すべきものと解するのが相当である。

従来の判例は、目的と効果両面から判断すると言いつつも、その実質は、問題の行為に公益目的を見出すことができるか、という一点に着目して判断していた。これに比べ、空知太神社事件の基準は、「諸般の事情を考慮」するとしている。

基準の実際の適用においても、判決は、土地の貸与が「小学校敷地の拡張に協力した用地提供者に報いるという世俗的、公共的な目的から始まったもの」だとしつつ、「これに対し長期間にわたり継続的に便益を提供し続けていること」などから、「一般人の目から見て、市が特定の宗教に対して特別の便益を提供し、これを援助していると評価されてもやむを得ない」として、土地の無償貸与を違憲とした。つまり、土地貸与の目的が公共的なものと評価できる可能性を認めつつも、長期継続という便益供与の態様に着目して、これを違憲としたのである。

空知太神社判決の基準が、「諸般の事情」を総合考慮すると述べたことにつき、学界では、従来の判例の解釈を変更し、より政教分離について厳格な態度を示したのではないか、と評価する向きも多かった。もっとも、同判決の論証には曖昧な部分が多く、最高裁が、どのような基準の下でどのような行為を禁止しようとするかは、その後の判例により検証される必要があった。

2 白山ひめ神社事件判決

学界や行政実務家の注目が集まる中、空知太神社事件判決の半年後、白山ひめ神社事件判決（最一判平成22年7月22日判時２０８７号26頁）が出た。この事件では、地元の有名な神社である白山ひめ神社の「御鎮座二千百年式年大祭」を実施するために結成された団体の発足式に、石川県白山市の市長が出席し、祝辞を述べたことの合憲性が問題となった。

最高裁は、鎮座大祭が「宗教上の祭祀」であることを認めつつも、次のような論理で合憲の結論を採った。

【白山ひめ神社判決の論証：観光振興目的の祭りの援助】

（略）本件神社には多数の参詣客等が訪れ、その所在する白山周辺地域につき観光資源の保護開発及び観光諸施設の整備を目的とする財団法人が設けられるなど、地元にとって、本件神社は重要な観光資源としての側面を有していたものであり、本件大祭は観光上重要な行事であったというべきである。奉賛会は、このような性質を有する行事としての本件大祭に係る諸事業の奉賛を目的とする団体であり、その事業自体が観光振興的な意義を相応に有するものであって、その発会に係る行事としての本件発会式も、本件神社内ではなく、市内の一般の施設で行われ、その式次第は一般的な団体設立の式典等におけるものと変わらず、宗教的儀式を伴うものではなかったものである。そして、Y〔当時の市長〕はこのような本件発会式に来賓である地元の市長として招かれ、出席して祝辞を述べたものであるところ、その祝辞の内容が、一般の儀礼的な祝辞の範囲を超えて宗教的な意味合いを有するものであったともうかがわれない。

そうすると、当時市長の職にあったYが本件発会式に出席して祝辞を述べた行為は、市長が地元の観光振興に尽力すべき立場にあり、本件発会式が上記のような観光振興的な意義を相応に有する事業の奉賛を目的とする団体の発会に係る行事であることも踏まえ、このような団体の主催する当該発会式に来賓として招かれたのに応じて、これに対する市長としての社会的儀礼を尽くす目的で行われたものであり、宗教的色彩を帯びない儀礼的行為の範囲にとどまる態様のものであって、特定の宗教に対する援助、助長、促進になるような効果を伴うものでもなかったというべきである。

判決は、鎮座大祭は宗教儀式だが、地元の観光資源として重要であり、それを支援することは観光振興という公益目的に資するから合憲だ、とする。同判決に、目的効果基準を明示する論証はないが、目的・効果の二要素を挙げて、かかわり合いの相当性を判断する論証は、旧来型の判例とほとんど変わらない。

3　例外的な最高裁判例

以上のような流れから、空知太神社事件判決の処理は、あくまで例外的な対応であり、判例変更がなされたわけではない、とする理解が憲法学説の主流である。

最高裁が、空知太神社事件で例外的処理をしたのは、その長期継続性に着目したからではないかと思われる。つまり、長期継続行為による宗教の援助は、その宗教が特別の保護を受けているという印象を生じさせ、援助を受けていない宗教を信じる者や宗教を全く信じない者に、強い疎外感を与える。したがって、一回的・単発的な行為に比べ、慎重な衡量が必要となる。

これに対し、国家主催の宗教儀式や宗教団体への補助金といった事案については、最高裁では、いまだに津地鎮祭判決の示した目的効果基準が維持されていると言ってよいだろう。

本論に述べたように、「公共目的があれば、宗教をいくらでも利用してよい」という基準として目的効果基準を運用するのは不適切である。今後は、効果面の審査をしっかりと行い、宗教利用がどうしても必要かどうかを慎重に判断していかなければならない。日本人は、自らが日本的多神教に染まっていることを自覚し、他宗教の信者に想像力を働かせ、より良い宗教環境を創造せねばならない。

第五章　生存権保障の三つのステップ

――憲法25条1項を本気で考える

1　ある若手建築家の発言

東日本大震災の被災地では、多くの建築家が支援活動に携わっている。建築家・伊東豊雄先生も、仙台や釜石などに頻繁に足を運び、都市計画の策定に協力したり、住民の憩いの場となる「みんなの家」を建築したりしている。

その伊東先生の運営する建築塾のブログを読んでいて、スタッフの次の言葉が目に止まった。

【山本至・伊東建築塾ブログ平成23年10月29日「釜石フィールドワーク」より】

さんざん議論され尽くしていることでしょうが、仮設住宅の実態は想像以上に酷いものです。住んでいる方々が実際にどのように思われているかはわかりませんが、端から見ていてもその閉塞感が伝わってきます。冷えきったパネルによって構成された外壁が内側を守るように立ちはだかります。とても閉鎖的なのにも関わらず、どこかプライバシーが侵害されているような感覚。その結果、建築を超えて人間までもが閉鎖的になっていく。その矛盾はまるで都市が抱える問題の縮図のようでもあります。

（中略）

仮設住宅に限らず、都市の中のそんな息苦しさを少しでも緩和するために、「みんなの家」は計画されました。

（http://itojuku.or.jp/blog?page=2）

仮設住宅は、被災者が生活を再建するために必須の施設である。しかし、仮設住宅の現状には、何か足りないものがあり、それ故にある種の「酷さ」を伴っている、と、この若手スタッフは主張している。

では、仮設住宅とは何なのだろうか。憲法25条1項は、すべての国民に「健康で文化的な最低限度の生活を営む権利」を保障している。この憲法条項を、平時において実現するのが生活保護法であり、災害時に実現するのが災害救助法である。そして、仮設住宅は、この災害救助法に基づき提供される施設である（同法23条1項1号）。したがって、仮設住宅になにがしかの問題があるとすれば、それは突き詰めれば、我々の憲法25条の理解に何か足りないことがあるということである。憲法25条の現状に、何か問題があるのだろうか。本章では、この点を検討してみたい。

2 憲法25条とは何か？

憲法25条は、1項で「すべて国民は、健康で文化的な最低限度の生活を営む権利を有する」、2項で「国は、すべての生活部面について、社会福祉、社会保障及び公衆衛生の向上及び増進に努めなければならない」と定める。このうち、2項が、国の努力目標であるのに対し、1項は、「最低限度」の生活に必要な援助を国家に要求する権利を国民に保障した規定である。この権利は、「生存権」と呼ばれる。

憲法25条について教科書を開くと、「生活保護法や災害救助法のような生存権を具体化する立法がない場合に、国に対し憲法25条1項だけに基づいて金銭給付を請求できるか？」という仮想事例の検討に多くの紙幅が割かれている。これは、いわゆる「直接請求の可否」という論点で、これを肯定するのが「具体的権利説」、否定するのが「抽象的権利説」と呼ばれる。現在の多数説は、憲法の文言が抽象的であることを理由に、憲法25条1項が保障しているのは、具体的な金銭給付や現物支給を請求する権利ではなく、具体的給付のための立法を行うよう請求する権利だと考えている。

この論点自体は重要だが、現在は、生存権を具体化する生活保護法や災害救助法はすでに整備されており、長年の運用実績もある。このため、現時点で論ずるべきは、生活保護法などの「最低限度」の生活保障の制度が、憲法25条1項の趣旨を十分に実現できているかどうか、という点だろう。

3 生存権の保障の根拠

そこで、まず生存権の保障根拠を確認しておこう。

憲法は、各国民に財産権と職業選択・営業の自由を保障し、いわゆる自由主義経済を選択している。自由主義経済とは、経済的な価値のある財、サービス、労働、情報等を市場で自由に交換する経済体制を言う。

人々が求める財やサービスを探知するのは容易ではなく、財やサービスの供給量を一部の主体がコントロールするのは困難である。自由主義経済の下では、各人が自ら財を交換し、また、財や資源の配分方法の決定に参加することで、最適に近い財の配分を実現できる。さらに、多くの人の需要を惹きつける財やサービスを提供すればするほど、多くの貨幣を獲得できるため、人々は優秀な商品やサービスを提供しようと努力する。この結果、職業訓練や技術革新が活発になり、社会全体の富の量が大きくなる。このように、自由主義経済は、非常に優れた経済体制である。

もっとも、自由主義経済には、一点重大な欠点がある。それは、貧困や病気・怪我等のために、他者と交換する財や労働力を持たない者は、十分な生活財を確保できないということである。もし、これを放置するならば、自由主義経済は非常に不正義な経済体制だと評価されるだろう。すべての人間を何とか食べさせることができるという点では、例えば、人々の創意工夫を禁じて身分を固定し、最低限の生活財を中央政府の計画により配分する極端な計画経済の体制ですら、純粋な自由主義経済よりも倫理的・道徳的に優れているのである。

このため、憲法は、自由主義経済を選択する一方で、「すべての国民は、個人として尊重される」ことを基本理念として掲げ（憲法13条）、この理念を人々の「生活」という側面から担保すべく、憲法25条1項を定めているのである。それゆえ、この条項は、自身が尊重されていると感じて生きることのできる生活の在り様を、具体的に思い浮かべながら解釈されねばならない。

4 生活保護法はどんな制度？

次に、平常時の生存権保障を担う生活保護が、どのような制度なのかを概観してみよう。

生活保護の事務は、主として市町村が担当するが、社会福祉事務所を設置していない小規模な町や村では都道府県が担当する（生活保護法19条）。最低限度未満の生活水準にある者は、居住する市町村・都道府県に保護を申請する（同法7条）。病気などで申請手続ができず急迫した状況にある者には、申請がなくても必要な保護がなされる（同法7条但書）。また、住居がない場合には、「現在地」で保護を受けることができる（同法19条1項2号）。

扶助項目は、生活（衣食などの日常生活）・教育・住宅・医療・介護・出産・生業・葬祭の8種類からなり（同法11条）、このうち医療・介護は現物支給、つまり、無料で医療と介護を受けられ、それ以外は必要額の金銭給付によって実現される（同法30条から37条）。

これらの給付水準は、厚生労働大臣が定める基準により決定される（同法8条1項）。生活保護の基準は、「最低限度の生活の需要を満たすに十分なものであって、且つ、これをこえないものでなければならない」（同条2項）とされている。生活保護制度は、あくまで「最低限度の生活」の実現を目的とする制度なので、それを超える部分は給付されない。例えば、生活扶助基準が月4万円で、申請者に換価すべき資産がなく、月給1万円のアルバイトをしていた場合、基準との差額3万円が生活扶助として支給される。

このように、生活保護制度は、所得・資産や年金によって最低限度の生活を営めない生活困窮者に対し、「最低限度の生活」の需要を満足できる金銭等を支給する制度である。

こうした生活保護制度の趣旨は、しばしば誤解されている。よく聞くのは、「国民年金よりも、生活保護の受給額が高いのはおかしい」との批判である。確かに、生活保護も国民年金も、国民の生活を支援するための社会保障制度の一つである。しかし、社会保障の各制度は、それぞれ目的と性質が異なり、それに応じて異なる受給条件が定められていることに注意すべきである。

生活保護は、独力では「最低限度の生活」を営めない者の支援を目的としており、自身の資産や所得で「最低限度の生活」を営めないことが受給条件である。他方、国民年金は、老後の生活保障を目的としており、受給者が老齢に達したことを受給条件とする。国民年金は、いくら資産があっても受給でき、また、仮に、国民年金だけでは「最低限度」に不足するなら、不足分の生活保護を受給できるはずである。

国民年金と生活保護は、その目的も受給条件も全く異なる制度であり、両者を混同することは、無用な混乱を招くだけだろう。

5 生活扶助基準を変えた朝日訴訟

では、生活保護の支給基準、すなわち「最低限度」の生活に必要な金額は、どのように決められているのだろうか。特に算定が難しい生活扶助基準について見てみよう。生活扶助基準とは、医療費（医療扶助）や住居費（住宅扶助）など対象が明確な項目を除いた、衣料品や電気・通信料金などの日常生活に必要な最低限度の金額を定めた基準である。

生活扶助基準は、当初、「マーケットバスケット方式」と呼ばれる方法で算定されてきた。これは、最低限度の生活に必要な物品の品目を、「キャベツ四つ、下着二枚、ハガキ四枚……」といった具合に書き出し、その市場価格の合計を生活扶助基準とする方式である。この方式は、最低限度必要なものから絶対的基準を導くもので、一定の合理性がある。しかし、そこでの品目の選定は難しく、基準が低くなりがちだったと言われている。

著名な朝日訴訟（最大判昭和42年5月24日民集21巻5号1043頁）も、マーケットバスケット方式で算定された基準の低さを問題とするものだった。この訴訟では、「入院中の日用品費で月額600円（食費分は含まない）」という昭和31年当時の生活扶助基準が問題となった。当時の物価は、歯ブラシ一本が15円、ハガキを出す料金が一枚10円というから（朝日訴訟第一審別表記載）、「600円」というのは、現在の感覚でいうと5000円程度だろうか。第一審（東京地判昭和35年10月19日行集11巻10号2921頁）は原告の主張を認め、第二審（東京高判昭和38年11月4日行集14巻11号1963頁）は請求を棄却しつつも生活扶助基準がかなり低い水準にあることを認めた。しかし、最高裁は、当時の生活扶助基準が違憲・違法なものとは言い難いと結論した。

原告の主張は認められなかったものの、朝日訴訟は社会的に大きな注目を浴び、1961年に生活扶助基準の算定方式が改訂される。まず採用されたのはエンゲル方式、続いて1965年からは格差縮小方式、1984年からは水準均衡方式と段階的に改訂されて、現在に至っている。これらは、どのような基準決定方式なのだろうか。

エンゲル方式以降の算定方式は、いずれも一般世帯の収入との比較から保護基準を決定する相対的な基準決定方式である。つまり、国民の平均的な生活水準の向上に伴い、生活扶助水準も上昇することになる。これに対し、マーケットバスケット方式のような絶対的な方式の下では、いくら国民の生活水準が上がろうと、生活に必要な最少限の物品に差はないから、（物価上昇分を除けば）生活扶助基準は変動しない。例えば、テレビの普及率が90％を超えていようと、それがなければ生きていけないということにはならないので、生活扶助基準に反映されない可能性がある。

相対的な方式の採用により、高度経済成長に伴う国民の生活水準の上昇と併行して、2000年代くらいまで生活扶助の水準は上昇し続けてきた。現状の基準によれば一人世帯の生活扶助額は月5～6万円くらい、住宅扶助の金額は東京市街地で月5万3700円、大阪市街地で4万2000円などとなっている。

6　憲法25条1項は十分に実現された？

経済成長に伴う生活水準の上昇を生活保護の基準にも反映させてきたことは、個人の尊重の理念に照らし、大いに評価されてよいと思われる。もちろん、様々な我慢は必要だろうが、これを憲法の趣旨に反するあまりにも低い基準だと断ずるのは難しいだろう。

そうすると、残された問題は、理由にならない理由で給付を拒否する「水際作戦」のような行政窓口での違法行為や、不当な基準の切り下げをどう防ぐかだけである。十分な予算を確保したり、不正への不服申立手続を完備したり、といったことは、行政官僚や社会保障法の専門家が検討すればよく、憲法の出る幕ではない。憲法学説の多くは、漠然とそう考えているように思われ、筆者も、こうした考えが不適切だとは思わなかった。

しかし、早川和男先生（神戸大学名誉教授）が切り拓いた「居住福祉学」の議論に触れ、こうした考えには見落としがあるのではないか、と思うようになった。「居住福祉学」とは、居住こそが人間の尊厳と社会の基盤であるという発想から、住宅政策や住宅設計の在り様を多角的に考察する学問である。居住福祉学で示される真の居住の重要性を理解していただくには、ぜひ、早川先生の著作を直接手に取ってもらいたいところである。具体例・理論・情熱が一体となって、居住の重要性が語られており、頭では理解していたつもりの住居の大切さについて、骨身にしみて実感させてくれるような説得力に満ちた本である。次の節では、生存権との関係で筆者が印象に残った点を紹介したい。

7 住居の質と住宅市場

早川先生は、次のように指摘する。

【居住福祉の概念】

これまで「福祉」といえば、まず年金やヘルパーや老人ホームなどのお金やサービスや施設を思い浮かべるのが普通だった。むろんそれも必要だが、超高齢社会に入るこれからの時代は、わたしたちの住んでいる家や町や村や国土そのものが福祉となるような、いわば「居住福祉」の状態にしていく必要があると思う。

（中略）人間にふさわしい居住が、いのちの安全や健康や福祉や教育やほんとうの豊かさや人間としての尊厳を守る基礎であり、安心して生きる社会の基盤である（略）。

（早川和男『居住福祉』岩波新書・１９９７年・ⅱ頁）

「居住こそが人間の生活の基盤だ」という主張は、一見平凡に思われる。しかし、次のような指摘に触れると、我々が居住の真の重要性にいかに無頓着であったか、分かるように思う。

【命を守る住居】

一九九五年一月一七日、阪神・淡路を大震災が襲った。この震災は多くの問題をあらわにしたが、とりわけ人間が生きていくうえでの住居の大切さを極端なかたちで示した。

（中略）この地震は強度からいえば中規模であったといわれる。それがなぜこのような大災害につながったのか。

死亡原因は、家屋の倒壊による圧死・窒息死八八％、焼死一〇％、落下物二％。家が倒れなければなかった犠牲である。出火も少なかったはずである。どこからか火が押し寄せてきても逃げることができたであろう。道路が広くても家が倒れたならば助からない。

（同前18頁）

台風、雷、地震などの災害から身を守るには、堅固な住居が必要であるし、冬の冷気や夏の日差しを遮るものがなくては、我々は生きられない。いかなる住居に住むかは、比喩ではなく、現実に、人の生死に直結する重要な問題なのである。

【健康と住居】

住居が狭いと、室内には家具や生活用品が散乱し、つまずいて転倒したりする。小児にとってはケガ、異物の誤飲の原因となる。また、狭い部屋のなかの家具は通風を妨げ、部屋の隅の掃除は困難で、非衛生的な室内環境になり、ホコリ、カビ、ダニがふえ、気管支ぜんそく等の原因になる。さらに狭さはストレスとして現れ、家族の人間関係をおかしくする。不眠、抑うつ症状、精神分裂症状、あるいはケンカ、離婚などの家庭崩壊にいたることもある。（同前59頁）

通風や日照が不十分であったり狭小であったりしても、そこに居住する人が即座に死亡するわけではない。しかし、通風・日照・湿気排除・空調の機能が劣っていると、居住者の肉体の健康は容易に害されてしまうし、何より、住む人同士の関係に致命的な影響を与えてしまう。

このように、住居は災害時の生死を左右し、日々の暮らしを通じて肉体的・精神的健康にまで影響を及ぼす。「福祉」の基礎は居住にあり、街や住宅は「福祉」面での機能を充実させるように作らなければならない。

しかし、他方で、「福祉」に優れた住宅を提供するには、コストがかかる。その上、「福祉」面の要素は、「駅歩」や「床面積」といった数字に表れる派手な要素に比べ、人々の関心が低い。このため、市場で住宅を供給する企業体には、「福祉」面で良質な住宅を供給する強いインセンティブがない。コストを切り詰めなければならない低所得者向け住宅においては、この傾向が顕著である。こうした理由から、早川先生は、良質な低所得者向け社会住宅の提供は、市場に委ねることはできず、国や公共団体が責務として実施すべきであると言う。

以上の指摘は、生存権保障の在り様にも重要な問題提起になっていると思う。

確かに、生活保護制度により、最低限度の金銭は保障される。しかし、金銭それ自体は、食べたり住んだりできるものではなく、市場で財を得る手段にすぎない。もし、市場で提供される食糧や住宅に欠陥があるのならば、金銭を保障しただけでは憲法25条1項に言う「最低限度」の生活は確保できない。

社会住宅の確保と提供は、単なる政策上の選択肢と見るべきではなく、憲法25条1項の要請だと考えなければならない。良質な社会住宅の量が過少なのであれば、早急に対応しなければならない。

8 「みんなの家」とコミュニティー回路

では、住宅の性能が向上すれば、それで十分なのだろうか。早川先生は次のように述べる。

【居住思想の追求】

わが国の持ち家中心の住宅政策の最大の問題は、住居の問題を家を持つことに矮小化してしまったことである。どのような家やまちや村が子どもの発達や高齢者の福祉や人間の幸せにつながるのかといった想像力と創造力、つまりは人間にとっての本質的な居住空間のありかたを構想する動機も能力も摘み取ってしまった。(中略)居住の主体性とは、人間居住のありかたを構想する能力でもある。その回復が必要である。

(同前179頁)

この記述からは、早川先生が、人々の幸せにつながる居住を実現するには、さらなる要素が必要だと考えていることが分かる。これは、単に丈夫で通風・日照が良いという住宅性能とは違う次元の問題を視野に入れたものだ。では、人々の幸せのために、現在の居住に欠けているものとは何なのだろうか。ここで参考になるのが、冒頭に見た山本至氏の指摘である。

仮設住宅は、我々の考える「最低限度」の住宅の分かりやすい具体例だと言える。仮設住宅は、あくまで短期的な住居だとはいえ、いわゆるｎＬＤＫを備えており、生活に必要最低限の物質的機能を備えている。寒い東北で追い焚き機能のない風呂がいかに不便だろうと、ワンルームマンションの学生から見れば追い焚き機能は贅沢であり、「最低限度」を下回っているとは言い難い。

しかし、山本氏は、仮設住宅は、「とても閉鎖的なのにも関わらず、どこかプライバシーが侵害されているような感覚」により「建築を超えて人間までもが閉鎖的になっていく」ものだと言っていた。そして、彼は、これは仮設住宅だけの問題ではなく、我々の「都市が抱える問題の縮図」なのだと言う。この点をもう少し掘り下げてみよう。

２０１２年3月、建築家と憲法学者が復興の原理について対話するシンポジウムを開催した。このシンポジウムは、筆者が交流していた建築家・山本理顕先生から「東日本大震災からの復興にあたっては、様々な分野の垣根を取り払った視野の広い検討が必要だ」という提案を受け、日本建築学会復旧・復興支援部会、日本評論社の協力を得て実現したものである。憲法学界からは石川健治先生（東京大学教授）・駒村圭吾先生（慶應義塾大学教授）、建築界からは山本先生に加え、内藤廣先生（建築家、東京大学名誉教授）、松山巖先生（評論家、小説家）にご参加いただき、筆者は、このシンポジウムの司会を務めた。

基調講演において、山本先生は次のように語った。

【住宅とプライバシー】

（略）住宅というのはプライバシーとセキュリティを大切にするものであるという刷り込みが我々全員にあると思います。供給する側だけではなく、住む側にもあると思います。

これをなんとかしたいと、私の教えていた横浜国立大学の学生たちと話をしました。震災の1週間後にみなで集まり、次のような提案をしました（中略）。向かい合うように［仮設］住宅を配置しようという提案です。入り口が向かい合っています。そしてここをガラス張りにしようという提案です。（中略）岩手県の住宅課長がこれに賛同してくれて、すぐこれをつくってくれました。（中略）それがお店になったり、あるいは、ちょっとした路地をつくったりするものです。（中略）

東京大学の高齢者社会総合研究機構の人たちは、（中略）住宅を向かい合わせて、さらに屋根をかける提案をしてくれて、それも実現しました。それだけでも、住民の皆さんはすごく快適そうにしていらっしゃいます。高齢者用のケア付き住宅では、おじいさんおばあさんが外で談笑するようになりました。

（山本理顕「復興の原理としての法、そして建築　基調講演」駒村圭吾／中島徹編別冊法学セミナー『3・11で考える日本社会と国家の現在』日本評論社・2012年・191〜192頁）

山本先生は、住宅は周囲との関係、そこで生まれる人間関係を視野に入れて設計されねばならないとし、仮設住宅に細やかな工夫を提案している。

また、山本先生は、冒頭に紹介した伊東豊雄先生、そして、内藤廣先生、妹島和世《せじまかずよ》先生、隈研吾《くまけんご》先生とともに「帰心の会」を結成し、東日本大震災からの復興を援助する活動を行っている。「帰心の会」の活動の中で、特に注目されるのが、様々な企業、自治体、地元の住民らと協力して進められている「みんなの家」プロジェクトである。「みんなの家」の構想について、伊東先生は次のように語る。

【居心地の良い場所】

東北三県に今回建てられた仮設住宅はおよそ五万戸、そのほとんどはコンテナ型をした鉄骨系のプレファブです。それらは性能の悪さでも話題になりましたが、それ以上に気になったのは、均質な住戸ユニットをひたすら並列する非人間的な考え方に対してです。この平等主義、均質主義は仮設住宅に限らず、現在の日本の精神の貧困を象徴しています。しかも各住戸はプライバシーを重んじてか閉鎖性が強く、隣接する住戸とも前後の棟とも全く関係を持つことができないのです。仮設住宅に移ってから引きこもりになってしまった人も決して少なくないと聞きます。

そんな仮設住宅での生活を見て、こうした人々が一緒に話し合ったり、食事のできる木造の小屋をつくることができないかと考え始めました。同一敷地内に五〇戸以上の住戸がつくられる場合には、集会所が建てられることにはなっているのですが、どうも人々が寛《くつろ》げるような場所ではありません。建設現場のプレファブ小屋みたいで、どうみても食事を楽しめるような居心地の良い場所にはなっていないのです。

（伊東豊雄『あの日からの建築』集英社新書・２０１１年・67〜68頁）

こうした問題意識から、地域の木材を使った縁台のような空間のある小屋、明るさを発信するテント膜を用いたカフェ兼居酒屋など、被災各地に地域の事情や特性に応じた「みんなの家」が作られている（伊東建築塾のHP、http://itojuku.or.jp/ourhome/ にまとまった情報がある）。

「みんなの家」が提言しているのは、居住はコミュニティーのための回路であり、住宅やそれを取り巻く環境は、プライバシーやセキュリティのことだけでなく、そこに生まれる人間関係の豊かさをも考慮に入れて構築されねばならない、ということだろう。

個々の仮設住宅が閉鎖的であっても、仕事や趣味のある人は住宅の外で人間関係を形成できるだろうし、支援を行う行政やＮＰＯの人々と交流することはできる。しかし、様々な事情で住宅から離れた場所での関係に参加できない人はいる。また、支援者がどんなに良い人であっても、ただ一方的に支援を受ける立場にあるのでは、被災者は気後れしてしまうだろう。

この点、「みんなの家」は、同じような境遇にある被災者同士が助け合い、交流を深めることができる建築であり、だからこそ貴重で重要なのである。

9 他者からの承認という社会問題

ところで、人間関係の重要性が強調されるのは、建築の文脈だけではない。社会学者・大澤真幸先生は、非典型労働の拡大とそれに伴う社会不安の増大を分析する中で、この問題を指摘している。

まず、大澤先生は、現状の日本の経済状況を次のように分析する。

【非典型労働の拡大】

日本では、非典型労働者は、一九九〇年代半ばより急増してきた。（中略）その経済的・社会的原因については、すでに、多くの論が展開されてきた。最も大きな原因は、二〇世紀末期以降のグローバル化に伴う、先進諸国共通の産業構造の転換であろう。先進国に本拠を置いた多国籍企業は、生産拠点を、労賃が低いアジア等の後発諸国に据え、その反動として、先進諸国では、サービス業（第三次産業）に従事する労働者人口が大きくなった。サービス業は、時期による繁閑の落差が大きいので、短期間に集中的に労働力を投入できる非典型労働が雇用形態としては都合がよい。また、先進諸国で売られる製品に関しては、デザインや微妙な差異によって需要を喚起する多品種少量生産が中心になったことも、非典型労働の人口を増大させる圧力となった。多品種少量生産は、市場の動向に敏感に反応しながら、製造ラインを拡大・縮小させるので、やはり、容易に出し入れができる非典型労働力を必要とするからである。

（大澤真幸「世界の中心で神を叫ぶ」同編『アキハバラ発〈00年代〉への問い』岩波書店・2008年・142頁）

経済のグローバル化や三次産業の拡大は、より安く、高品質で、新しい商品を求める市場への対応である。我々が消費行動を根本から変えない限り、正規雇用の縮小と非典型労働の拡大は進んでいくだろう。

そして、大澤先生は、こうした非典型労働者の置かれた状況について、次のように分析する。

【普遍的使命Xからの疎外】

非典型労働者は、単純に、何かから疎外されているのではない。（中略）朝から晩まで誰でもできそうな仕事をやらされて、給与は低く、昇給もなく、いつでもかんたんに解雇されてしまうとしたらどうであろうか。お前は普遍的使命Xには何も関係ないゴミである、と声高に言われているようなものではないだろうか。（同前147頁）

ここで大澤先生が述べているのは、「民主国家建設のために」とか「より豊かな社会の実現」といった、とても重要な普遍的使命Xに、少しでも寄与しているという感覚が、労働を意味あるものにするということである。現代社会では、こうした普遍的な理念へのコミットが弱くなっているというのは多くの人が感じることだろう。こうした社会で非典型労働が広がることは、単にキツくて安い雇用の拡大を意味するのではなく、尊厳の喪失が拡大することを意味する。

そして、大澤先生は、見田宗介《みたむねすけ》先生（社会学者、東京大学名誉教授）との対談で次のように述べている。

【他者の反応と喜び】

人が何によってリアルを感じるかというと、他者の反応です。3・11のボランティアだって、［仕事の内容は、つらい非典型労働者のそれとそれほど変わらないのに］（中略）「ヘドロをずっと掃除していただけでもすごく楽しかった」というのは、そのときに「ありがとうございます」と涙を流して感謝してくれる被災者の人びとがいたからです。仕事の内容にかかわらず、それがストレートに人の喜びにつながっていると思えれば、それがまた自分の喜びになるという、そういう構造ですね。

（見田宗介・大澤真幸『二千年紀の社会と思想』太田出版・２０１２年・79頁）

このように、大澤先生は、他者との交流がいかに人間の尊厳に重要であるかを強調する。

10　被災者支援の三つのステップ

以上のような、被災者支援を通じた建築家や社会学者の指摘から、個人が尊重されていると感じながら生きるには、次の三つのステップが必要なことが分かる。すなわち、まず、①避難所で提供されるような生命維持に必要な衣食住が足りること、次に、②安全・健康に暮らすために良質な住宅を確保できること、そして、③相互に支え合う人間関係により、人間の尊厳が実現すること、という三ステップである。

こうした被災者支援の在り様の分析は、平時の生存権保障の在り方にも示唆的である。現行生活保護の支給基準は、先に見たように、①生命維持の要請を充たすものではあるだろう。しかし、金銭支給にとどまる制度であるため、それが実現する生活の質は市場の状況に依存する。もし、住宅市場が、低所得者向けの良質な住宅を提供する仕組みを備えていなければ、必ずしも②居住福祉は実現できない。

さらに、現行制度では、③人間関係に対する支援は、生活保護法の視野に入っていなかったように思われる。山本先生は、住宅設計でコミュニティー形成を実現しようとする際、「プライバシー」の概念が壁になってきたと指摘する。つまり、近代社会は、個人の自律的な決定が侵害されるのを恐れるあまり、人の生活には介入せず、それを市場原理に委ねる金銭給付型の制度に固執してきたのである。

確かに、個人の自由の領域に国家が介入してはならない、という近代思想の大原則は重要である。しかし、今後は、プライバシーには十分配慮するとしても、それを欲するすべての人がしっかりとコミュニティーに組み込まれ、相互に支え合うような仕組みを考えなければならないだろう。現代社会において、個人が自由に生きるためには、国家の適切な援助が必要であることを、もはや否定できないのである。

11 国家は生存権保障コストをどこまで負うべきか？

こうした議論に対して、多くの人は次のように思うのではないか。「確かに、居住福祉の理念に沿った住宅や人間関係は重要だ。しかし、すべての人にそれを保障するには莫大なコストがかかる。国際競争は日々厳しさを増しており、日本経済は苦しい状況が続いている。そんな中、本当にそこまでしなければならないのだろうか？」

筆者も直観的には、こうした疑問がよく分かる。生活困窮者の報道に触れて、「普通に働けないなら、仕方がないよね」と言って、現に尊厳の危機にある人の存在を見て見ぬふりをしたくなるのも事実である。だが、本当に「仕方がない」のだろうか。社会の一員として、まだなすべきことがあるのではないだろうか。

先に確認した通り、個人が尊重されて生きるには、生存権が十分に保障される必要がある。そして、尊重されていると実感できる生活のためには、良質な住宅と人間関係形成への援助が欠かせない。したがって、直観的には「やりすぎ」に見えるとしても、そうした援助は国家の義務だと理解すべきなのである。

また、生活保護への批判として、救貧政策には不正がつきものだから、予算を削減しようとか、制度を廃止しようといった議論がしばしば行われる。ここには二つの誤りがある。

第一は、不正は、制度が不要であることを意味しない、ということだ。確かに、働く機会も能力も十分にあるのに、怠けて生活保護を受給している人はいるかもしれないし、行政の補助金を着服する悪徳業者も存在するかもしれない。国家の資源は有限なのだから、不正受給を防止することは重要である。しかし、不正に利用されたからといって、その制度自体が不要であるということにはならない。

この議論の第二の誤りは、生存権は、一定割合で不正が生じることを甘受してでも保障しなければいけない権利だ、ということを見落としている点である。生存権は、まさに生存のかかった権利であり、不当に死刑にされない権利に匹敵する重要な権利である。刑事訴訟法の講義では、よく「1人の冤罪を防止するために必要なら、9人の犯人を逃すとしても、全員を無罪にしなければならない」と教えられる。冤罪による死刑が万一にもあってはならないのと同じように、「もし、本当に困窮する1人を保護するために必要であれば、9人の不正が生じるとしても、生存権を保障せざるを得ない」のである。万が一にも、生存権保障に「漏れ」があってはならない。

第五章まとめ

最後の節に述べたように、生存権保障は、「普通」の人の支持を「自然に」集められる政策ではない。貧困と縁のない（と思っている）人々は、国家財政は、救貧施策ではなく、もっと文化的なものごとや、景気を刺激する政策に使ってほしい、と考えるかもしれない。また、勤労の才能に恵まれた「普通」の人から見れば、生活保護受給者の中には、「怠けている」ように見える人もいるだろう。

しかし、個人の尊重という規範を貫くためには、生存権保障という「不自然」極まる制度の意義を「普通」の人々に十分に理解できるように説明できなくてはならないのである。憲法25条1項は、制度の現状を調査し、そこで何が行われているかに想像力を働かせ、改善のための創造力を発揮することを求めている。

憲法研究者も、当然その責任の一端を担うはずだが、憲法25条に関する解釈学説の多くは、「生活保護法が存在しない場合の直接請求の可否」という机上の論点をめぐって展開されたものだった。公務員試験では、憲法科目の受験が要求されることが多く、政治家の中には法学士や弁護士の資格を持つ人も多い。もっと多くの憲法研究者が、「最低限度」の生活に何が必要かを真剣に検討し、社会住宅の提供やコミュニティー形成への援助の重要性を憲法教育の現場で教えられていたら、政治や行政の現場も今とは違う状況になっていたかもしれない。プライバシーと自己責任という近代的規範を盾に、生存権保障の現実から目を背けてきた憲法学説にも、反省しなければならない点が多いと思う。

近年の不況は、国民全体の生活水準を下げるものではなく、一部の者に富を集中させる一方、底辺部の困窮を拡大する性質の不況である。本来であれば、生活保護制度は、労働だけでは「最低限度」に到達できなくなった底辺部の労働者の生活をも保護する形で運用されねばならない。

しかし、今の自公連立政権は、生活保護基準の切り下げへの動きを本格化させている。

基準切り下げの根拠は、最底辺労働者の所得水準を生活保護世帯が上回っているからだという。これでは、最底辺の労働者の困窮はカバーされず、生活保護受給者の生活もどんどん落ち込んでしまう。こうした政府の動きは、現時点でも十分とは言い難い生存権保障をさらに後退させるものだと言わざるを得ない。

平成20年発表にして、すでにこの分野の古典となった湯浅誠氏の『反貧困』は、次のように言う。

【貧困の社会的意味】

誰かに自己責任を押し付け、それで何かの答えが出たような気分になるのは、もうやめよう。お金がない、財源がないなどという言い訳を真に受けるのは、もうやめよう。そんなことよりも、人間が人間らしく再生産される社会を目指すほうが、はるかに重要である。社会がそこにきちんとプライオリティ（優先順位）を設定すれば、自己責任だの財源論だのといったことは、すぐに誰も言い出せなくなる。そんな発言は、その人が人間らしい労働と暮らしの実現を軽視している証だということが明らかになるからだ。そんな人間に私たちの労働と生活を、賃金と社会保障を任せられるわけがない。

（湯浅誠『反貧困――「すべり台社会」からの脱出』岩波新書・２００８年・２２４頁）

人間が人間らしく再生産される社会の創造は、我々の義務である。

第六章　公務員の政治的行為の何が悪いのか？
――国民のシンライという偏見・差別

1 プロをナメるな!

ある日、トミナガが電話をしてきた。声は憔悴《しょうすい》しきっていて、ひからびた雑巾のようだ。何があったのかと聞くと、彼はこう言った。

「おい。俺の地区を担当する宅配人のAさんが、この前、『月刊ドラゴンズ』を読んでいたんだよ。どうすればいい。今週中には、『継続会員』特典のオリジナルコインケースが届くはずなんだが、Aさんは壊して、捨ててしまうに違いない」

トミナガが「継続会員」と言うのだから、きっと、カープファンクラブのことだろう。そして、彼は、ドラゴンズファンの宅配人Aさんが、カープファンの自分に嫌がらせをするのではないかと心配しているのである。筆者は、当然、突っ込みを入れた。

「まっとうな社会人が、そんな大人げないことするわけないだろう。仕事に臨むプロフェッショナルをナメるな」

……。

このトミナガの心配は、ひどい被害妄想以外の何物でもないが、一個人の被害妄想にとどまるのであれば、本人が寝不足になる程度で、社会に大きな支障は生じない。しかし、国会や最高裁がこの種の思い込みをするとなると、事態は深刻になる。

憲法学説の強い批判にもかかわらず、最高裁は、長らく、休日に政治的行為をする公務員は、政治的に偏った公務遂行をするはずだ、あるいは、少なくとも大半の国民はそう思っているはずだと断定して、公務員の政治的行為の一律・広範な禁止を合憲としてきた。そして、最高裁のお墨付きを背景に、公務員の政治的行為の規制は反省されることなく、継続し、そして拡大してきた。これは適切な状況とは言い難い。

そこで、本章では、公務員の政治的行為をなぜ制限しなければならないのかを検討し、公務員の政治的行為の規制の妥当な在り方を探求してみることにしたい。

2 公務員法の政治的行為規制

現行法は、公務員の政治的行為を広範囲にわたって厳しく禁止している。

国家公務員法102条1項は、一般職の国家公務員について「職員は、政党又は政治的目的のために、寄附金その他の利益を求め、若しくは受領し、又は何らの方法を以てするを問わず、これらの行為に関与し、あるいは選挙権の行使を除く外、人事院規則で定める政治的行為をしてはならない」と定める。これを受け、人事院規則14－7は、政治的目的に基づくチラシの配布やデモ行進など、ありとあらゆる類型の政治的行為を禁止している。違反者には、刑罰（国家公務員法110条1項19号）や懲戒処分などの制裁が予定されている。

地方公務員法36条も、地方公務員の政治的行為を禁止している。禁止行為の範囲は、国家公務員よりもやや狭く、同2項で、投票の勧誘（1号）、署名運動（2号）、寄附金募集（3号）、公共団体の施設への政治的文書・図画の貼り付け（4号）が禁止される。違反者には、国家公務員の場合と異なり刑罰は科されず、違法行為を理由にした懲戒処分が科されるにとどまる（同法29条1項1号）。

3　大阪市条例による規制範囲の拡張

さらに、地方公務員については、地方公務員法の規定より規制範囲を拡張する条例が制定されることもある（地方公務員法36条2項5号）。大きく報道された大阪市の「職員の政治的行為に関する条例」（以下、大阪市条例）もそうした条例の一つである。

大阪市条例制定のきっかけになったのは、相次ぐ大阪市職員の犯罪や違法行為の指摘を受けて、平成24年に設置された大阪市内部統制に関する第三者調査チームの報告書である。それによれば、平成23年末に行われた大阪市長選挙に際し、市職員が役場内で特定候補者への投票を呼びかける「紹介カード」を配布したり、勤務時間中に政治的行為をしたりといった事実があった（http://www.city.osaka.lg.jp/jinji/page/0000161367.html）。

これを踏まえ、橋下市長以下、市執行部は、「本市において公務員に求められる政治的中立性を揺るがす事象が生じていることにかんがみ」、「職員の政治的中立性を保障し、本市の行政の公正な運営を確保し、もって市民から信頼される市政を実現すること」を目的とする条例案を作成した。この条例案では、地方公務員法36条2項各号の列挙する政治的行為に加え、政党機関紙や政治ビラの配布・デモ行進など、政治的行為一般を職員が行うことを禁止している。

条例違反の場合について、市執行部は、当初、刑罰を科す予定であった。しかし、条例案審議の直前に出された内閣答弁（平成24年6月19日衆質180第288号）が、地方公務員法は、地方公務員の政治的行為について、刑罰による制裁を禁止している可能性が高く、地方公務員の政治的行為の制限については罰則を付すべきでないと指摘した。そこで、違反者を原則懲戒免職とする条例案が提案され、さらに議会審議の中で、その部分が、「懲戒処分として戒告、減給、停職又は免職の処分をすることができる」と、事案に応じた柔軟な処分を科す旨の規定に修正された（大阪市条例4条）。

こうして制定された大阪市条例の特徴は、地方公務員への制裁は懲戒処分にとどめることを確認しつつ、禁止行為の範囲を国家公務員並みに広げたものと言える。橋下市長は、議会審議の中で、「最高裁でこれ、国家公務員法が違憲だということになれば、当然大阪市の条例も考え直さなければいけない」と述べている。それゆえ、この条例の妥当性を検証するには、国家公務員に関する規制の妥当性を検証することが必要である。

4　公務員の中立性

なぜ、国家は公務員の政治的行為を規制しようとするのだろうか。この点を検討するには、そもそも公務員組織がどのような組織でなければいけないか、を理解する必要がある。

日本の憲法は、民主主義を統治機構の基本原理としている。つまり、選挙などの民主的手続で選ばれた内閣総理大臣や都道府県知事・市町村長が、行政機関を指揮監督する。公務員は、個人的にどのような政治的信条を持っていようと、民主的に選ばれた行政機関の長に従って職務を遂行しなければならない。例えば、児童手当政策に反対する公務員であっても、児童手当を支給する制度が実施されたならば、粛々と児童手当を給付しなければならない。

また、公務員は、市場原理の働く民間企業と異なり、公権力を独占する地位にあるので、国民の政治的自由を圧迫しないよう、特に注意しなければならない。例えば、年金係の職員が「A党に投票しないと年金を打ち切るぞ」と受給者を脅したり、警察官が「B党を支持しないと、被害届を無視するぞ」と脅迫したりすれば、国民はそれに従わざるを得ないだろう。年金や治安維持といったサービスを十分に提供してくれるのは国だけなので、「そんなことを言うなら、他に行く」というわけにいかないからである。

このように、民主的な行政を実現し、国民の政治的自由を確保するために、公務員は、自分の個人的な政治的信条とは切り離して職務を遂行しなければならない。この要請のことを「公務員の中立性」の要請と言う。

5　権限・地位の濫用は絶対に許されない

「公務員の中立性」を確保するためには、公務員の権限・地位の濫用を伴う政治的行為は厳しく禁止しなければならない。先ほど指摘した年金係や警察官の例は、職権濫用として刑罰を科されても文句は言えないレベルだろう。

また、大阪市の第三者調査チームが指摘した「紹介カード」の配布行為は、地位を濫用した投票脅迫と変わらず、当然、是正されねばならない。大阪市条例の審議において、条例案に批判的な立場の議員も次のように述べている。

【大阪市条例の審議における山中議員の発言】

（略）確かに私たちも、長年この大阪市の中で、労使の本当に癒着ですとか勤務時間内の動員を含めた、これは市長選挙だけではありません、統一地方選挙なんかでも、もう恐ろしいような動員がよく行われていましたし、そういう意味では正すべきところは正していかなければならない、しかるべき法であるとか規則にちゃんとのっとって、正常な関係を本当に持っていかないといけないというふうには思っています。

（大阪市会議事録平成24年7月臨時会常任委員会（財政総務）7月20日4号35頁・山中智子委員発言）

公務員の中立性を確保するために、公務員の権限・地位の濫用を伴う政治的行為の規制が必要だ、ということを否定する者はいないだろう。

しかし、現行の法律や大阪市条例の規制対象には、勤務時間外に、職場を離れて、黙々とポスターを貼る行為なども含まれている。こうした公務員の権限・地位の濫用を伴わない私的な政治的行為まで規制する必要はあるのだろうか。続いて、この問題を検討することにしよう。

6　私的な政治的行為も許されない？

公務員の私的な政治的行為規制の合憲性をめぐる争いは歴史が長く、猿払《さるふつ》事件判決という有名な判例がある。まず、この判例の議論を確認しよう。

北海道猿払村の郵便局員（民営化前）Yは、衆議院議員総選挙の際、特定政党を支援するため、公営掲示場に自らポスターを貼りつけ、また、ポスターの貼りつけを他者に依頼した。この行為が国家公務員法・人事院規則の禁じる政治的行為にあたるとして、Yは起訴された。

Yは、自らを処罰することは憲法21条1項に違反する、と以下のような主張をした。

憲法21条1項は「集会、結社及び言論、出版その他一切の表現の自由は、これを保障する」と規定する。Yの行為も、政治的なメッセージを人に伝達する行為であり、この条項により保護されている。そして、Yの行為は、勤務時間外に行われたものであり、また、公務員でないと利用できない施設や情報を使ったものでもなく、自らが公務員であることを積極的に示して行われたものでもなかった。つまり、公務員の権限・地位の濫用はなく、公務員の中立性は、何ら害されていない。とすれば、Yの行為を規制するのは、公務員の中立性確保に役立たず、表現の自由の違憲な侵害である。

第一審（旭川地判昭和43年3月25日下刑集10巻3号293頁）は、Yの主張を受け入れ、無罪の結論を採った。しかし、上告審（最大判昭和49年11月6日刑集28巻9号393頁）は、有罪とした。なぜ、最高裁は、権限・地位の濫用がない政治的行為についてまで、規制を正当化したのだろうか。

最高裁は、次のように論じている。

【猿払事件判決の論証1：公務員の政治活動規制の目的】

（略）行政の中立的運営とこれに対する国民の信頼を確保するため、公務員の政治的中立性を損うおそれのある政治的行為を禁止することは、まさしく憲法の要請に応え、公務員を含む国民全体の共同利益を擁護するための措置にほかならないのであつて、その目的は正当なものというべきである。

注目すべきは、公務員の政治的行為を規制する目的を、「行政の中立的運営」の確保だけでなく、それについての「国民の信頼」を確保することだとしたことである。もし、最高裁が、規制目的を「公務員の中立性」確保だけに限定していたら、公務員の権限・地位の濫用なしに行われる私的な政治的行為を規制する必要性は説明できなかったはずである。そこで、最高裁は、次のように考えたのだと思われる。

確かに、公務員が仕事さえちゃんとやっていれば、私的に政治的行為をしようとしまいと「公務員の中立性」は害されない。しかし、公務員が、私的に政治的行為をしている姿を見た国民はどう思うだろうか。「もしかしたら、あの人は、仕事場でも政治的に偏った仕事をしているのではないか。例えば、職場で得た個人情報を政治的行為に使っているんじゃないのか?!」こんな風に心配するだろう。そうすると、公務員の私的な政治的行為は、仕事と直接関係ないかもしれないが、公務員組織に対する信頼を低下させる危険がある。公務員組織に対する信頼確保は、非常に重要な目的であり、この目的を実現するためには、地位や権限の濫用のない政治的行為も規制しなければならない。

このように、「国民の信頼」を目的に含めれば、公務員の政治的行為一般を規制する説明がつくのである。なんとも、巧妙な手法である。

7 推定をめぐる「専門的」な議論

こうした猿払事件判決の論理に対しては、強い批判が浴びせられた。当初から示された批判学説は、次のようなものだった。

猿払事件判決のポイントは、〈多くの国民は「私的に政治的行為をする人は政治的に偏った仕事をする」と思っている〉という事実が認定できるかどうかにある。もし、この事実が認定できないなら、私的な政治的行為によって公務員組織に対する信頼が害されることはないはずだ。なのに、最高裁は、この点について信頼できる調査や統計を示していない。根拠なしに表現行為を規制するのは、憲法21条1項に違反する。

要するに、「国民の信頼が低下するとの証拠は、あるのか？」という批判である。なるほどと思わせる批判だが、判決の次の箇所が、この批判に対する反論になっている。

【猿払事件判決の論証2：合理的関連性の概念】

また、右のような弊害〔公務員の中立性とそれに対する国民の信頼が失われること〕の発生を防止するため、公務員の政治的中立性を損うおそれがあると認められる政治的行為を禁止することは、禁止目的との間に合理的な関連性があるものと認められるのであつて、たとえその禁止が、公務員の職種・職務権限、勤務時間の内外、国の施設の利用の有無等を区別することなく、あるいは行政の中立的運営を直接、具体的に損う行為のみに限定されていないとしても、右の合理的な関連性が失われるものではない。

ここで、最高裁は、規制と目的との「合理的な関連性」を認定している。やや「専門的」になるが、少し解説しよう。

ここで使われているのは、「合理的関連性の基準」という基準である。これは、規制が目的に役立っているかどうか（専門用語で言うと、規制が目的との関連性を持っているかどうか）が分からないときは、役に立っているものとして扱う基準とされる。つまり、〈多くの国民は「私的に政治的行為をする人は政治的に偏った仕事をする」と思っている〉という事実はない、との証明がない限り、そういう事実があるものと推定される。証拠を提出する責任を負うのは、違憲を主張する側にあるのであり、「証拠はあるのか？」という批判はそのまま批判学説に跳ね返るはずだ。

このように、判決には批判に対する回答が含まれていた。このため、批判学説の軸足は、証拠の不在の糾弾から、基準の在り様に移ってゆくことになる。学説の多くは、表現の自由はとても大切な権利だから、証拠を出す責任は合憲を主張する側が負うべきで、「合理的関連性の基準」を使う判決はおかしい、と主張した。判決以降、夥《おびただ》しい数の批判論文が書かれたが、そのかなりの部分は、推定の置き方、違憲審査基準の在り様という非常に「専門的」な論点をめぐるものになっている。

8 そもそも「国民の信頼」は目的として正当なのか？

しかし、本当に「違憲審査基準」の在り様は、本質的な問題だろうか。専門的、という言葉につい「かぎかっこ」をつけてしまったが、筆者は、この点について疑問を持っている。もちろん、合憲の推定・違憲の推定といった要素も結論に影響を与え得るが、本当に大事なのは、「国民の信頼」という言葉の意味ではないだろうか。

表現の自由研究の権威、奥平康弘先生は次のように指摘する。

【「国民の信頼」という目的の怪しさ】

なんといっても第一番に挙げねばならないのは「行政の中立的運営が確保され、これに対する国民の信頼が維持されること」というフレーズである。これを書いた裁判官閣下は、この文句を最大級にお気に入りであったようで全篇のなかでなん度も出てくる。いうならば、これは「通奏音」である。あらゆるコンテクストを抜きにして「行政の中立的な運営の確保」と「(これに対する) 国民の信頼の確保」を並列させたうえで、この連結一本で政治的行為禁止システムの保護法益ここに在りとのたまうのである。けれどもしかし、前者と後者とを因果関係的に結合させて「禁止システムの保護法益」に仕立て上げてしまうこと自体がすでに怪しい。前者は、行政という体系を持続可能な制度として設計する際当然に見込まれていた制度内在的な目標である。かかるものとしてそれは、それ自体としてなんぴとも否定しがたい現実的な利益であるといえる。他方ところが、後者は、それ自体としては非実体的・非客観的・抽象的・観念構成的・想定的で、なかんずくイデオロギー的でさえあるのだ。すなわち、この種のとらえどころのないものを、個人の表現活動の自由を制約・禁止するための保護法益として持ち出してくるのは、憲法上もっとも回避すべき態のものである。

（奥平康弘「日本社会の現在と最高裁判所」法律時報増刊『国公法事件上告審と最高裁判所』日本評論社・2011年・10頁）

この奥平先生の指摘は、一見すると不思議に感じられるかもしれない。行政組織に対する信頼は、日本政府の正統性に対する信頼であり、その確保を目的とすること自体は正当だと考えるのが自然に思われる。にもかかわらず、奥平先生は、「国民の信頼」という目的は、「非実体的・非客観的」であり、それを掲げること自体が怪しいと言うのである。どういうことだろうか。

ここには一流研究者の深い洞察がある。おそらく、奥平先生の言わんとするのは、次のようなことだろう。

もちろん、「公務員の中立性」に国民が信頼を寄せることは、重要な価値である。行政組織への信頼がなければ、誰も進んで税金を納めようと思わないだろうし、警察の捜査活動に情報を提供しようともしないだろう。行政活動は、国民・住民の多大な協力の下に成り立つものであり、公務員が信頼を失えば、行政組織は成り立たない。しかし、賄賂や職権濫用を厳しく取り締まり、権限・地位を濫用した政治的行為・営業活動・宗教活動などを禁圧しておけば、国民は公務員やその組織を信頼できるはずである。要するに、「公務員の中立性」を害する行為を防止すれば、自ずと「それに対する信頼」も確保できる。

とすれば、「公務員の中立性」の確保に加えて、「それに対する信頼」の確保という目的を掲げる必要はミジンもない。もし、「国民の信頼」の確保を独立に掲げるとすれば、それは、「公務員の中立性」を守るだけでは確保できない何かがあるということだ。こうした意味での「国民の信頼」を、「公務員の中立性」を確保すれば自ずと得られる「国民の信頼」と区別して、「国民のシンライ」と表現することにしよう。

9 国民のシンライ

では、「公務員の中立性」を維持するだけでは獲得できない「国民のシンライ」とは何だろうか。

それはおそらく、「休日に政治的行為をする人は、仕事でも政治的に偏ったことをするはずだ」という信念を持つ人のシンライである。現代の日本社会では、支持政党のポスターを貼ったり、ビラを配ったりするなど、熱心に政治的行為を行う人はさほど多くない。だから、そうした人のことを、少し「変わった人」だと思ってしまうことは仕方がないことかもしれない。

しかし、ちょっと冷静に考えてほしい。

日本という国は、政治的にも思想的にも宗教的にも様々な考えや価値を持った人が集まって構成する国である。こうした国では、仕事や公共の場で、自分の価値観を強硬に貫くことは許されない。自分と宗派が違うからという理由で宅配便を届けなかったり、カープファンは気に食わないからといって、赤い野球帽をかぶった人に住民票を出さなかったりすれば、当然、上司や法律によって懲戒や刑罰という制裁を受ける。仕事や公共の場では、自分の個人的な価値観から中立に振る舞うべきである、という規範は、日本国の構成員に広く受け入れられているはずであり、また、現に刑法や職務規範に定められている。したがって、「休日に政治的行為をする人は、仕事でも政治的に偏ったことをするはずだ」という信念は不合理な偏見にすぎない。

こうした議論については、次のような反論も考えられる。「確かに、休日の活動と仕事は別かもしれないが、私は、『変わった人』が嫌いだし、そんな人に公務員をやってほしくないのだ」。

しかし、ここまで行くと、偏見というより差別である。差別とは、人間の類型に向けられた嫌悪感や蔑視感情を言うが、「熱心に政治的行為をやるような『変わった人』が嫌いだ」というのは、典型的な差別感情だろう。日本国は多様な価値を持つ人によって構成されるのであり、個々の国民・住民・公務員は、私的な領域では自らの価値観に基づく行動が認められねばならない。私的な政治・宗教・芸術・スポーツなどの活動を理由に、職場から排除すれば、多様な価値観の共存という日本国を成立させるための規範が破壊されてしまう。

要するに、「休日に政治的行為をする人は、仕事でも政治的に偏ったことをするはずだ」

というのは偏見であり、「熱心な政治的行為をする人に、公務員になってほしくない」というのは差別感情である。権限・地位の濫用のない公務員の政治的行為を規制すれば、そうした偏見や差別感情を持つ「国民のシンライ」は確保できるだろうが、偏見や差別への迎合が正当な目的だと評価できるはずがないのである。憲法14条1項は、「すべて国民は、法の下に平等」であり、「差別されない」と規定していることを忘れてはならない。

また、そうした偏見や差別に迎合しながら公務員組織を作るのは、「公務員の中立性」を確保するためにむしろ不利である。例えば、厚生労働省の職員に全く女性がいなかったとしたら、子育てや男女共同参画の分野で十分な想像力を働かせられない可能性がある。また、君が代に反発を覚える者に全く共感しない教員たちだけで構成される学校は、君が代問題に対しあまりに無神経で一方的な対応を採ってしまう危険が高い。特定の価値や利益しか配慮できない公務員組織が、「中立的」と言えるかは大いに疑問である。

そして、こうした例と同様に、私的に政治的行為を行う人間を排除すれば、公務員の多様性は確実に縮小し、政治的行為をする国民への共感を欠いた組織になってしまう。公務員組織が、適切に想像力を働かせ、多様な価値に配慮できるようになるためには、すなわち、真の「中立性」を実現するためには、公務員の多様性の確保が不可欠である。

以上に述べたように、「国民のシンライ」という目的は、要するに、偏見と差別に迎合することを意味する。奥平先生が、この目的を「非実体的・非客観的・抽象的・観念構成的・想定的で、なかんずくイデオロギー的でさえある」と言うのも当然だろう。したがって、猿払事件判決の論理は、何らかの形で変更されねばならない。

10 平成24年の二つの判決

猿払事件判決に対し批判学説が支配的な状況の中、平成24年末、二つの重要な最高裁判決が同日に出された。両判決は、国家公務員法102条が規制対象とする「政治的行為」とは、「公務員の職務の遂行の政治的中立性を損なうおそれが、観念的なものにとどまらず、現実的に起こり得るものとして実質的に認められるもの」を言うと定義した。つまり、「実質的」な危険というコンセプトで処罰範囲を限定することにより、公務員の政治的行為の規制は、合憲と評価できるという。

猿払事件判決に比べ、規制範囲を限定しようとする態度があることは、一定の評価に値する。ただし、いずれも、休日に政党機関紙を配布した事案であるにもかかわらず、一つは無罪、もう一つは有罪と結論を異にしている点は、不思議である。何が事案を分けたのだろうか。

まず、無罪の結論を採った方を見ていこう。こちらの事件は、被告人の名前から堀越事件と呼ばれている。最高裁（最二判平成24年12月7日・平成22年（あ）第762号裁判所ウェブサイト）は、被告人の行為について次のように述べる。

【堀越事件判決の論証：実質的なおそれの有無】

被告人は、社会保険事務所に年金審査官として勤務する事務官であり、管理職的地位にはなく、その職務の内容や権限も、来庁した利用者からの年金の受給の可否や年金の請求、年金の見込額等に関する相談を受け、これに対し、コンピューターに保管されている当該利用者の年金に関する記録を調査した上、その情報に基づいて回答し、必要な手続をとるよう促すという、裁量の余地のないものであった。そして、本件配布行為は、勤務時間外である休日に、国ないし職場の施設を利用せずに、公務員としての地位を利用することなく行われたものである上、公務員により組織される団体の活動としての性格もなく、公務員であることを明らかにすることなく、無言で郵便受けに文書を配布したにとどまるものであって、公務員による行為と認識し得る態様でもなかったものである。これらの事情によれば、本件配布行為は、（中略）職務と全く無関係に、公務員により組織される団体の活動としての性格もなく行われたものであり、公務員による行為と認識し得る態様で行われたものでもないから、公務員の職務の遂行の政治的中立性を損なうおそれが実質的に認められるものとはいえない。

堀越事件判決は、このように、公務員の権限・地位の濫用がない上に、被告人が「管理職的地位にはな」かったことを強調する。

他方、もう一つの事件は、一般に世田谷事件と呼ばれている。判決（最二判平成24年12月7日・平成22年（あ）第957号裁判所ウェブサイト）は、事案について次のように述べる。

【世田谷事件判決の論証：管理職性の重視】

（略）被告人は、厚生労働省大臣官房統計情報部社会統計課長補佐であり、庶務係、企画指導係及び技術開発係担当として部下である各係職員を直接指揮するとともに、同課に存する8名の課長補佐の筆頭課長補佐（総括課長補佐）として他の課長補佐等からの業務の相談に対応するなど課内の総合調整等を行う立場にあり、（中略）指揮命令や指導監督等を通じて他の多数の職員の職務の遂行に影響を及ぼすことのできる地位にあったといえる。このような地位及び職務の内容や権限を担っていた被告人が政党機関紙の配布という特定の政党を積極的に支援する行動を行うことについては、それが勤務外のものであったとしても、国民全体の奉仕者として政治的に中立な姿勢を特に堅持すべき立場にある管理職的地位の公務員が殊更にこのような一定の政治的傾向を顕著に示す行動に出ているのであるから、当該公務員による裁量権を伴う職務権限の行使の過程の様々な場面でその政治的傾向が職務内容に現れる蓋然性が高まり、その指揮命令や指導監督を通じてその部下等の職務の遂行や組織の運営にもその傾向に沿った影響を及ぼすことになりかねない。

世田谷事件判決は、堀越事件と同様に、公務員の権限・地位の濫用がなかったことを認めつつ、被告人が管理職の地位にあったことを強調して、有罪とした。

二つの判決を総合すると、管理職公務員の私的な政治的行為には「実質的」危険があるが、そうでない公務員の私的な政治的行為には危険はない、ということである。では、管理職かどうかは、危険の認定にとってそれほど重要な要素だろうか。続いて、この点をもう少し検討してみよう。

11 管理職かどうか、は事案を分けるか？

管理職の私的な政治的行為の方が、非管理職のそれより危険だとする理由として、一応、三つのものが考えられる。すなわち、管理職の権限濫用の方が、①被害が大きい、②抑制が困難である、③権限濫用かどうかを認定しにくい、という三つである。しかし、これらはいずれも、十分とは言い難い。順に見ていこう。

まず、①権限が濫用された場合の被害の大きさは、管理職と非管理職とで類型的に差があるとは言えない。例えば、裁量性のない年金担当官が、ある政党の党員の年金記録を改ざんすれば、管理職の権限濫用に匹敵する甚大な被害が生じるだろう。非管理職なら大丈夫だろうというのは、あまりにも公務員の権限濫用の問題を甘く見ている。

次に、②非管理職は管理職公務員により統制されるのに対して、管理職自身はそうではないから、その権限濫用は抑制が困難だという点だが、これも十分な理由にはならない。公務員は官僚のトップであっても、民主的に選ばれる内閣・都道府県知事・市町村長によって指揮・監督を受ける立場にある。地位が低かろうと高かろうと権限濫用は抑制されるのである。また、もし統制権限が不十分だとしたら、私的な政治的行為を規制するのではなく、内閣や長の統制権限を強化すべきだろう。

最後は、③管理職業務は、外からでは政治的信条を加味したか否かを判定しにくく、「こっそり」権限濫用が行われる危険がある、というものだ。つまり、裁量権行使の際にバイアスがかかる危険の指摘である。この不安は共感できなくもない。例えば、筆者のように字の汚い者は、大学入試や期末試験で不利に扱われないかと、一抹の不安を覚えるものである。しかし、政治的信条を加味していることを、客観的に指摘できないような業務行為を規制する必要はない。仮に、管理職に委ねられた裁量権行使の結果として、客観的に見て不適切な行為がなされるのだとしたら、そもそも、そのような裁量権行使を認めている根拠法の方を改めるべきであろう。試験官の採点にばらつきが出るとしたら、採点基準を明確に示した上で講評を出すなり、複数人で採点するなどして、裁量権行使の透明性を高めるのが筋である。

このように見てくると、管理職と非管理職で結論を分ける理由はない。

さらに、平成24年の両判決、特に世田谷事件判決には、根本的問題がある。すなわち、なぜ公務員の権限・地位の濫用のない単なる私的な政治的行為によって「公務員の中立性」や「それに対する信頼」が害される危険が高まるか、を説明していないのである。

世田谷事件判決は、政党機関紙配布行為を「殊更にこのような一定の政治的傾向を顕著に示す行動」だと論難し、これにより、「公務員による裁量権を伴う職務権限の行使の過程の様々な場面でその政治的傾向が職務内容に現れる蓋然性が高ま」るとする。

しかし、選挙における投票は、ビラ配りやポスター貼り以上に強く「政治的傾向」を示す行動だが、公務員になっても投票権が停止されるわけではない。本章に強調してきたように、職場を離れた場所でどのような政治的行為を行うかは、仕事のやり方とは関係のない問題である。そうすると、世田谷事件判決は、結局、「休日に政治的行為をする人は、仕事でも政治的に偏ったことをするはずだ」という偏見、ないし、「私的な政治的行為をやるような『変わった人』には、公務員になってほしくない」という差別感情の帰結だと評価せざるを得ない。

第六章まとめ

前章までに強調してきたように、適切に想像力を働かせることは、正義に適った妥当なルールを創造する力につながる。逆に、誤った想像力は、おかしなルールを創造してしまう。公務員の政治的行為の規制に関する法令と判例は、その典型例である。もう一度、猿払事件判決の次のような論証を見てほしい。

【猿払事件判決の論証3:「おのずから」の弊害発生】

公務員の政治的行為のすべてが自由に放任されるときは、おのずから公務員の政治的中立性が損われ、ためにその職務の遂行ひいてはその属する行政機関の公務の運営に党派的偏向を招くおそれがあり、行政の中立的運営に対する国民の信頼が損われることを免れない。また、公務員の右のような党派的偏向は、逆に政治的党派の行政への不当な介入を容易にし、行政の中立的運営が歪められる可能性が一層増大するばかりでなく、そのような傾向が拡大すれば、本来政治的中立を保ちつつ一体となって国民全体に奉仕すべき責務を負う行政組織の内部に深刻な政治的対立を醸成し、そのため行政の能率的で安定した運営は阻害され、ひいては議会制民主主義の政治過程を経て決定された国の政策の忠実な遂行にも重大な支障をきたすおそれがあり、このようなおそれは行政組織の規模の大きさに比例して拡大すべく、かくては、もはや組織の内部規律のみによつてはその弊害を防止することができない事態に立ち至るのである。

判決によれば公務員に、休日の政治的行為を認めれば、「おのずから」、自分の好まない政策の実現を法律に反してまで妨害したり、自分と支持政党の違う市民に嫌がらせをしたりする事態が生じるというのである。さらに、こうした党派的偏向は、公務員組織の内部に深刻な政治的対立を醸成するらしい。

つまり、公務員に、休日の政治的行為を認めれば、日々職場で、A党の支持者とB党の支持者が衝突し、議会の外で政治闘争が繰り広げられるというのである。これは、公務員が休日に野球観戦することを認めれば、職場でもドラゴンズファンとカープファンの衝突が繰り返されるだろうと言っているのと一緒であり、かなり、強靱な想像力の発揮だと言えよう。そして、判決は、そういう事態を防ぐために、公務員の政治的行為は「すべて」刑罰で禁圧しなければならない、と言う。こうして、公務員の政治的行為の一律・広範な禁止というルールが創造されたわけである。

しかし、これは想像力や創造力の働きというより、もはや、被害妄想と誤想防衛だろう。「公務員の中立性」とは、公務員が地位や権限を濫用せず、民主的な決定を忠実に執行することを意味しており、要は、「公務員がちゃんと仕事をすること」である。仮に、公務員が民主的決定をないがしろにして、公務を私物化しているのなら、それは厳に取り締まらねばならない。しかし、プライベートな活動にまで、公権力の側が介入するのは不当である。ルールとしては、公務員の権限・地位の濫用を伴う政治的行為を禁止すれば十分なのであり、目指すべきは私的領域の公的管理ではなく、公的領域の私物化を取り締まることだろう。

終章　憲法9条の創造力

1　小久保蝶を保護する隊

最後に、憲法9条を素材にして、本書のテーマを総括してみたい。憲法9条と聞いて、まず思い浮かぶのが、トミナガから届いた悩み相談の手紙である。

【トミナガの手紙】

A県B町に引っ越して、早いもので10年になります。この町には、小久保博士の発見した小久保蝶という珍しい蝶がすんでいるのですが、諸般の事情で絶滅寸前です。そこで、私は、町の人々が結成した「小久保蝶保護隊」に入隊しました。この団体は、自然環境保全法に基づき、5年前より文部科学省から補助金を頂いております。活動をする中で、隊の面々は次第に使命感を強くし、保護のための活動を「作戦行動」、隊長を「司令」、活動中に食べる鮭弁は「レーション」、そして、事務所は「本営」と呼ばれるようになりました。さらに、先日の参謀会議で、「小久保蝶保護隊」の名称は「小久保軍」に改称され、私は「中佐」に昇進しました。

ところが、最近、はたと気づいたのです。日本国憲法9条は、日本政府が軍を持ったり、軍と関わったりすることを禁じています。政府機関である文部科学大臣閣下も、わが軍に補助金を出すのは取りやめます、とおっしゃるのではないでしょうか。とても心配です。

ではでは、B町にお立ち寄りの際は、ぜひわが軍とともに戦いましょう。

……。

もちろん、憲法9条は、名前に「軍」と付いているからいけないとか、付いていないからいいとか、そういう下らない形式論を定めた条文ではない。その内容は正しく理解してほしいところだ。しかし、条文が有名な割に、その中身は意外に知られていないように思われる。そこで、憲法9条の内容を確認することにしよう。

2 憲法9条の政府解釈

憲法9条は、次のような条文である。

【日本国憲法9条】

1項　日本国民は、正義と秩序を基調とする国際平和を誠実に希求し、国権の発動たる戦争と、武力による威嚇又は武力の行使は、国際紛争を解決する手段としては、永久にこれを放棄する。

2項　前項の目的を達するため、陸海空軍その他の戦力は、これを保持しない。国の交戦権は、これを認めない。

政府解釈によれば、憲法9条は、自衛権の行使以外の武力行使を禁じている。自衛権とは、自国の国家秩序に対する「急迫不正の侵害」を除去する権限である。例えば、外国によるミサイルの発射準備や攻撃目的の戦闘機の領空侵入などが「急迫不正の侵害」の典型例であり、これを実力で排除することは憲法9条も禁止していない。また、自衛権を行使するには、一定の準備が必要であり、自衛のための「必要最小限度の実力」を保有しておくことは、憲法9条に違反しない。もちろん、難しい解釈問題はいろいろとあるが、日本の防衛体制は、基本的にこうした憲法解釈を前提に組み立てられている。

3　憲法9条は意外と柔軟

このような憲法9条が示す規範は、意外と柔軟である。つまり、こういう装備はダメだとか、こういう攻撃の仕方はダメといった具体的な禁止規範をほとんど含んでいないのだ。したがって、例えば、核兵器や空母、上陸作戦用の特殊部隊といった装備・組織を持ったからといって、直ちに、憲法9条違反と評価されるわけではない。もし、それを持つことが違憲と評価されるとすれば、それらが自衛のための「最小限度」とは言えないからである。

一般には、「軍」という「名称」の組織を置くことは明白な憲法違反だと思われている。しかし、現在の自衛隊が、自衛のための必要最小限度の枠を超えない組織だと言えるなら、「自衛隊」の名前を「自衛軍」ないし「国防軍」に変更することも、外交・防衛政策的な当否は別として、それ自体は違憲ではない。もちろん、9条2項には「陸海空軍」は「保持しない」と書いてあるが、ここに言う「陸海空軍」とは、自衛のための必要最小限度を超える組織を意味する。自衛隊の名前を変えただけの「自衛軍」や「国防軍」は、憲法9条の言う「軍」ではない。

こうした説明は、法学になじみのない読者には詭弁に聞こえるかもしれないが、法律解釈の場面ではよく出てくるもので、トミナガ中佐の「小久保軍」や社会福祉NGOの「救世軍」が、9条に言う「軍」ではないというのは見やすい道理だろう。

このように考えてくると、単に、「国防軍」や「自衛軍」の組織を憲法に明記するような憲法9条改正は、実質的な意味では憲法9条の内容を法的にはほとんど変えないということが分かる。そうした条項を掲げる改憲論は、単なる精神論と見るべきだろう。もちろん、そのような精神的満足のために、外交上重大な軋轢《あつれき》を招くのは、あまりにも愚かである。

さらに、国民は、表面的な言葉遊びにまどわされずに、政権が何をやろうとしているのかをしっかりと見定めなければならない。「国防軍」導入論について法的に警戒すべきは、名称に関する形式論ではなく、軍法会議や軍用徴収などを導入するといった実質面である。9条の改正は、国民の生命の危険を招き、あるいは精神的・肉体的・金銭的負担を強いることになるかもしれないのである。

4　憲法9条の本当の意義

では、憲法9条の担ってきた実質的な役割とは何であろうか。9条は、どのように権力を統制してきたのだろうか。

９条の意義は、核兵器と空母はダメ、軍という名前もダメという量的・形式的な規制をするところではなく、実力組織の構築や武力の行使について、常に、「それが自衛のために必要最小限度と言えるか」の説明を求めるところにある。

単なる説明責任の設定ではあまり意味がないように思われる方もいるだろうが、それは違う。日本政府は、自衛隊の装備や防衛費の総額など、常に「必要最小限度性」の説明をさせられてきたわけであり、「自衛のための必要最小限度」と言えるには、どのような枠組みを設定しなければならないか、を考えざるを得なかった。結果として、防衛費のＧＤＰ１％枠や非核三原則、ＰＫＯ派遣五原則といったルールが成立したわけであり、憲法９条は、平和を維持するためのルール設定への創造力を働かせることを求め続けている。

憲法９条の実質的な改正とは、「必要最小限度性」についての説明責任を廃止することを意味する。それを狙う改憲論は、平和の脅威であり、政府・防衛関係者を含めた日本国民のこれまでの努力を放棄するもので、とうてい是認できない。

5　憲法９条は「ふつう」ではない？

しばしば、こうした憲法９条の内容は、「ふつう」ではないと言われる。本当だろうか。

軍事・防衛や安全保障に関する規律は、ことの性質からして国内問題にとどまるものではないから、この点は、国際法を視野に入れて検討する必要がある。

国際法とは、国際社会で各国の行動の正・不正を判断する基準である。よく、「それを無視して行動する国家が多いから、国際法は無意味だ」と言う人がいるが、この発言は矛盾している。北朝鮮政府の邦人拉致や核実験が不正だと評価されるのは、国際法があるからである。国際法を無意味なものとみなせば、それらの行為を不正と評価する基準もないことになる。国際法には、強制執行できず、その実行性がぜい弱であるなど、法として未熟な部分も多々あるが、だからといって、それが無意味だということにはならない。

では、現代の国際法における武力行使の基準は、どのようになっているのだろうか。国連憲章は、戦争や防衛に関する問題を安全保障理事会の管轄事項としている。加盟国には、その決議に従う義務があり、安全保障理事会から独立して加盟国が武力を行使し得るのは、自衛権行使の場合のみだとされる（国連憲章51条）。したがって、「急迫不正の侵害」がない場合の武力行使や戦争は、当然、国連憲章違反とされる。

ここに示された「自衛権の行使以外に武力を行使してはならない」との原則は、現代国際法の大原則とされている。とすれば、憲法9条を削除したとしても、国際法や国際連合の枠組みを完全に無視するというのでない限り、自衛権の行使を超えて武力を行使することはできない。憲法9条は、制定時点では「ふつう」でない規定だったかもしれないが、現在では、国際法の基本原則を確認する規定だと考えるべきである。

6 憲法9条と集団安全保障

それでは、日本政府が他国の自衛権行使や安全保障理事会の決議実現に協力することは、どう評価されるのだろうか。

他国の自衛権行使への協力は「集団的自衛権の行使」と呼ばれ、国連憲章51条に規定されている。9・11テロ後のアフガニスタン攻撃について、アメリカ軍の行動は「自衛権の行使」、イギリス軍の行動は「集団的自衛権の行使」として説明された。また、国連憲章は、安全保障理事会の決議に基づき、国際秩序の創設・維持のために各国が武力を出し合い国連軍を結成することを認めている。もっとも、歴史上、正規の国連軍が結成されたことはない。

集団的自衛権の行使や国連軍への参加は、日本の「自衛のために必要最小限度」の行為を超える部分があるので、憲法9条により禁止されると言われている。国際法は、集団的自衛への協力等を義務付けているわけではないから、このことが、国際法に違反しているわけではない。ただし、9条による制限を、国際社会への責任放棄とみなし、改憲を主張する人がいる。どう考えるべきだろうか。

この点は、国際関係の現状をどう評価するかに依存する。日本の同盟国の軍事行動は完全に正義に適っており、国連安全保障理事会は、十分な信頼と正統性を備えた機関だと考えるのなら、確かに、9条を改正し「国際貢献」をすべきかもしれない。しかし、日本の同盟国も国連もそこまで信頼できないと考えるのであれば、同盟国とのルール作りや国連の制度改革がなされない限り、9条を改変してはならない。

7 「非武装を選択できる世界」の創造

憲法9条に関する奥平康弘先生の見解は、「自衛隊違憲」説に分類されるが、「憲法文言に反するから自衛隊を即解散させよ」という単純なものではない。次の論証を見てほしい。

【憲法9条の展望】

九条の問題を考える際に、単に「九条の改正には反対だ」というのではなくて、九条を護ることの中に、一つの展望があるということにぼくは気が付き始めた。それは単に自衛隊に反対とかという問題を越えて、九条が前提とする国内状況を、もちろん国際状況も含めて、そういう客観的状況を作ること、九条が守られるような状況を作ることが九条の前提である、ということなんです。

（奥平康弘『憲法を生きる』日本評論社・2007年・220頁）

つまり、憲法9条は、日本国の非武装を要求しているのではなく、日本国が非武装を選択できる世界の創造を要求している、ということである。もちろん、現時点では、そんな世界は想像することすら困難である。しかし、奥平先生は言う。

【未完の憲法】

とはいえ、その時その時の政治的な力関係とか、われわれの見識の浅さということもあって、プラクティスの中で勝ち取っていくことにはどうしても限界があると思う。ということは、憲法というのは常に未完である。「終わりのない仕事 Unfinished business」なんだ。憲法が未完だということは、それはもう宿命的なものであって、だからインチキだなんて誰も言えない。そして、世代を越えた「終わりのない仕事」をぼくたちはここまで進めてきた。後に続く君たちも、君たちのコンテクストの中で生かしてくれ、というふうに展開していくものだ。

（同前214〜5頁）

日本が非武装を選択できる世界の創造は、終わりがないと思えるほど途方もない仕事かもしれない。しかし、世代を越えて受け継がなければならない仕事である。

憲法9条は、第二次大戦を直接経験した人々によって、大変な緊張感を伴い解釈され、論じられてきた。そうした解釈論や議論を、次の世代に受け継いでゆくことは、我々の世代の義務だろう。公正で合理的なルールの創造を促す力、個人が尊重される平和な世界を創造する力は、失われてはならない財産である。我々は、憲法の創造力を受け継ぎ、育んでいかねばならない。

文献案内

最後に、本書をきっかけに、より深い憲法学の勉強をしたいという読者のために、文献案内をしておきたい。

1 君が代訴訟について

君が代訴訟は、憲法学界でも大きな論点になっている。最も重要な文献としては、**蟻川恒正「対抗を読む（3）」**（法学セミナー675号・2011年）が挙げられる。君が代訴訟の論点は、単純な「国家による市民の自由の制約の可否」ではなく、「公務員労働関係における命令の適法性」である。蟻川論文はこの点にも慎重に配慮された、大変貴重な論文である。また、筆者の君が代訴訟に関する見解をまとめたものとして**木村草太「表現内容規制と平等条項——自由権から〈差別されない権利〉へ」**

（ジュリスト1400号・2010年）がある。

さらに、思想・良心の自由の保障と国旗・国歌の問題を、最も深いレベルまで考え尽くしたいと望む方には、**蟻川恒正『憲法的思惟——アメリカ憲法における「自然」と「知識」』**（創文社・1994年）をお勧めする。

2 一票の格差問題について

一票の格差の問題は、平等な選挙権の付与がなぜ「良い統治」に結びつくのか、という点から検討されねばならない。

この点については、**長谷部恭男「多数決の『正しさ』——ルソーの一般意思論とコンドルセの定理」同『比較不能な価値の迷路』**（東京大学出版会・2000年）第6章をぜひ読んでいただきたい。コンドルセの定理とは、二択問題の正解を選ぶ確率が平均して2分の1を超える集団では、投票者の数が増えれば増えるほど、多数決の結果は正解に近づくという定理である。長谷部論文は、この定理からルソー『社会契約論』を読み解いている。第二章の筆者の議論の背景にも、このような長谷部先生によるルソー理解がある。

また、平成23年の一人別枠制違憲判決、そして、その後の問題については、やはり**長谷**

部恭男「投票価値の較差を理由とする選挙無効判決の帰結」（法学教室380号・2012年）が示唆に富む。

3 裁判員制度の合憲性について

裁判員制度については、法律専門書から一般向けの新書、法務省・裁判所のパンフレットまで、様々な参考文献がある。しかし、その合憲性について慎重に検討したものは少ない。

違憲論の代表例として、**安念潤司「自由主義者の遺言——司法制度改革という名の反自由主義」高橋和之・藤田宙靖編『憲法論集・樋口陽一先生古希記念論文集』**（創文社・2004年）が挙げられる。安念先生は、「ちょっと変わった」「ときどき面白すぎる」先生だと言われるが（後掲長谷部『Interactive 憲法』33頁）、この論文は、自由主義者としての心の叫びであり、一読、いや三読して論点を熟考してほしいと思う。また、**長谷部恭男『Interactive 憲法』**（有斐閣・2006年）第1章は、分かりやすくユーモラスに裁判員制度に関する論点を整理してくれる。

4　政教分離問題について

信教の自由・政教分離については、憲法の自由権条項の中でも微妙な判断が要求されるケースが多く、膨大な参考文献がある。

その中でも、**安念潤司「信教の自由」樋口陽一編『講座憲法学第3巻　権利の保障【1】』**（日本評論社・1994年）、**林知更「『国家教会法』と『宗教憲法』の間——政教分離に関する若干の整理」**（ジュリスト1400号・2010年）をお勧めしたい。安念論文は、憲法上の宗教の定義という多くの憲法学者が避けてきた問題に真正面から挑んでいる。他方、林論文は、深い比較法的知見から日本の政教分離について鋭利な分析を加えている。

また、本書の宗教の定義は、**大澤真幸『現代宗教意識論』**（弘文堂・2010年）を下敷きにしている。この論文集には、現代の宗教を考える上で、大変興味深い考察が含まれている。

5　生存権について

第五章に触れた居住福祉学については、本文で引用した**早川和男『居住福祉』**（岩波新書・1997年）の他、**吉田邦彦『都市居住・災害復興・戦争補償と批判的「法の支配」』**

（有斐閣・2011年）をお勧めしたい。吉田先生は、早川先生の問題提起に敏感に反応し、居住福祉学を法学サイドから支えている。この論文集は、東日本大震災からの復興についても、様々な示唆を持っている。

さらに、貧困の問題を理解するためには、NPOや社会学者の議論にも視野を広げるべきである。本文の最後に引用した**湯浅誠『反貧困――「すべり台社会」からの脱出』**（岩波新書・2008年）をぜひ読んでほしい。社会学者の作品としては、**大澤真幸『社会は絶えず夢を見ている』**（朝日出版社・2011年）が非常に印象的であった。大澤論文では、福祉と宗教との関係などから、日本の福祉の現状が分析される。

6 公務員の政治活動規制について

第六章の議論は、**木村草太「公務員の政治的行為の規制について――大阪市条例と平成24年最高裁二判決」**（法律時報85巻2号・2013年）をベースにしている。また、差別されない権利や、偏見と差別、不平等と差別の概念区分については、筆者の助手論文、**木村草太『平等なき平等条項論――equal protection 条項と憲法14条1項』**（東京大学出版会・2008年）をご覧いただきたい。

公務員の政治活動規制については、本文中で紹介した奥平先生の論文に加え、**安念潤司「公務員の人権（1）政治的意見の表明の自由」**（法学教室213号・1998年）が、鋭い指摘にあふれている。奥平論文と安念論文の二つを読めば、このテーマの急所は完全に把握できると思う。

7 憲法の入門書・体系書

憲法全般にわたる入門書の古典としては、**伊藤正己『憲法入門　第4版補訂版』**（有斐閣双書・2006年）、**樋口陽一『憲法入門　五訂版』**（勁草書房・2013年）をお勧めする。近年出版されたものとして、**長谷部恭男『憲法入門』**（羽鳥書店・2010年）が洗練された入門書となっている。

憲法9条については、**長谷部恭男『憲法と平和を問いなおす』**（ちくま新書・2004年）をぜひ読んでほしい。また、併せて**中谷和弘他『国際法　第2版』**（有斐閣アルマ・2011年）の国際安全保障や戦時国際法の解説を読むのをお勧めする。

入門書より詳しい体系書としては、**芦部信喜『憲法学Ⅰ〜Ⅲ』**（有斐閣・1992年〜2000年）にあたってほしい。芦部先生は、岩波書店からも教科書を出版しているが、そちらは内容が薄く、曖昧で煮詰まっていない記述も多い。芦部憲法学を真に理解したいのであれば、有斐閣三巻本の参照をお勧めする。

また、近年は、多くの憲法学者が体系書を発表しており、いずれも魅力的であるが、特に参照をお勧めするものとして、**長谷部恭男『憲法　第5版』**（新世社・2011年）、**高橋和之『立憲主義と日本国憲法　第2版』**（有斐閣・2010年）の2点を挙げる。さらに、憲法上の権利に関する非常に深い分析、検討を行った体系書として、**奥平康弘『憲法Ⅲ　憲法が保障する権利』**（有斐閣法学叢書・1993年）を強くお勧めしたい。この奥平先生の教科書は、諸々の判例を素材に、権利の意義や判例の意味をとことん追求する。権利について思考を巡らせる能力を養うには絶対に読んでほしい文献である。出版事情の関係で手に入りにくくなっているため、古書店で見かけたら、必ず購入してほしい。絶対に損はしないと思う。

そして、何はともあれ、憲法の全文を一度は通して読んでみていただきたい。どんな六法にも一番最初に「**日本国憲法**」は掲載されているし、インターネットでも簡単に検索できる。

あとがき

東京大学の助手に採用されたころ、NHK出版に就職が決まった高校時代の友人に、「お前が学者になるんだったら、いつか一緒に仕事ができるかもしれないな」と言われた。

助手にせよ、大学院生にせよ、研究者の卵というのは、大学図書館の地下深く眠る古文書を、懐中電灯で照らしながら探索し、ドイツ人でももはや読まないドイツ語の論文や、フランス人でも「ケスクセ？」と言うようなフランス語の大著を読む日々を送っている。筆者も、アメリカのロースクールに留学した先輩が「そんな判例もあるんだねー」と呆れるような、洗濯屋さんに関する古い判例を読む日々を送っていた。当然、社会との接点もあまりないわけで、筆者は、法学専門出版社ならともかく、NHK出版様から一般の方に向けた本を出すことはないだろう、と思い、曖昧な笑顔を返したことを記憶している。

ところがひょんなことから、2012年の2月、本書担当の高井健太郎氏から、一般向けの憲法入門書を書いてみないかという依頼をいただいた。依頼状には、阿久津七段の手になる『阿久津主税の中盤感覚をみがこう』（ＮＨＫ将棋シリーズ）が同封されており、将棋好きの筆者は、二つ返事でお受けした。編集者としての高井氏の力量は凄まじく、筆者が参加するシンポジウムを熱心に聴講してくれたり、気分が乗らないときに気合のこもったメールを送ってくれたりした。さらに、高井氏は、中村太地《たいち》六段との対談＊を設定して下さり、筆者は、「仕事で」千駄ヶ谷の将棋会館に伺うという僥倖《ぎょうこう》を得た。もはや職権濫用のレベルである。そんなわけで、高井氏との仕事はとても楽しい思い出にあふれ、本書の仕事が終わってしまうことは、とても寂しい。

＊ http://dilemmaplus.nhk-book.co.jp/talk/1507

本書は、最新判例を素材にした憲法学の入門書である。予備知識がない方でも読んでいただけるように、できるだけ基本的なところから説明をしているが、法学を修め憲法の単位を取得した方にも楽しんでいただけるよう先端的な憲法学の成果を反映させて記述した。

各章の内容には、例年担当する首都大学東京の学部および法科大学院における演習科目での議論や、ブログにコメントを寄せて下さった方とのＱ＆Ａの成果が反映されている。

非常勤講師を務めさせていただいた専修大学法科大学院のみなさんや、講演を聞いて下さった慶應義塾大学法科大学院の山元一先生&山本龍彦先生のゼミのみなさんとの議論からも、多くのことを教えていただいた。

また、第一章および第六章については蟻川恒正先生、第二章については長谷部恭男先生から、様々なご教示をいただいた。編集サイドでは高井氏にご尽力をいただき、本書の議論の組み立て・小見出しの構成・段落のつなぎなど、要するに内容面では木村佳子先生の手厚いご指導をいただいた。

各氏に厚く御礼申し上げる。

2013年2月

木村　草太

校閲　鶴田万里子
DTP　㈱ノムラ

木村草太 きむら・そうた
1980年、横浜市生まれ。東京大学法学部卒業。同助手を経て、
現在、首都大学東京法学系教授。専攻は憲法学。
助手論文を基に『平等なき平等条項論』(東京大学出版会)を上梓。
法科大学院での講義をまとめた『憲法の急所』(羽鳥書店)は
「東大生協で最も売れている本」「全法科大学院生必読の書」と話題に。
近刊に『キヨミズ准教授の法学入門』(星海社新書)がある。

NHK出版新書 405

憲法の創造力

2013(平成25)年4月10日　第1刷発行
2016(平成28)年9月10日　第9刷発行

著者 木村草太
発行者 小泉公二
発行所 NHK出版
〒150-8081東京都渋谷区宇田川町41-1
電話 (0570) 002-247 (編集) (0570) 000-321(注文)
http://www.nhk-book.co.jp (ホームページ)
振替 00110-1-49701

ブックデザイン albireo
印刷 壮光舎印刷・近代美術
製本 藤田製本

Printed in Japan ISBN978-4-14-088405-8 C0232

NHK出版新書好評既刊

引きだす力
奉仕型リーダーが才能を伸ばす
宮本亜門
メンバーをやる気にさせ、職場を活性化するコツとは？ 世界的に活躍する演出家が教える独自のリーダー術と、互いに高め合う会話術・創作術。
389

貧困についてとことん考えてみた
湯浅 誠
茂木健一郎
パーソナル・サポートの現場を訪ねる旅から見えてきた、貧困の現状、必要な支援、日本社会の未来とは。活動家と脳科学者の刺激的な対論！
390

日本語と英語
その違いを楽しむ
片岡義男
二つの言葉の間で、思考し、書き続けてきた作家が、日常的で平凡な用例をとおして、その根源的な差異を浮き彫りにする異色の日本語論／英語論。
391

世界で勝たなければ意味がない
日本ラグビー再燃のシナリオ
岩渕健輔
黒星を積み重ねてきた日本ラグビーにとって、いまこそ再生のラストチャンスだ。若き日本代表GMが語りつくす、個と組織で世界と戦う方法論。
392

中学英語をビジネスに生かす3つのルール
関谷英里子
中学英語を、実際の仕事の場で使っても恥ずかしくない英語に変えるコツとは？ 人気通訳者がビジネスで頻出の52語をピックアップして解説。
393

数学的推論が世界を変える
金融・ゲーム・コンピューター
小島寛之
ITビジネスから金融まで、人はいかにハラを探り合うのか？ 論理学やゲーム理論をもとに行動や経済情勢がエキサイティングに変わる様を描く。
394